38,80

JAPAN

KÜCHEN DER WELT

JAPAN

KIYOSHI HAYAMIZU/YUHEI HOSHINO

Originalrezepte und Interessantes
über Land und Leute

Rezeptfotos: FoodPhotography Eising

China
Rußland
Sachalin
Ochotskisches Meer
Hokkaido
Sapporo
Pazifischer Ozean
Nord-Korea
Japanisches Meer
Akita
Sendai
Honshu
Süd-Korea
Nikko
Tokyo
Fudji-San
Kyoto
Kobe
Osaka
Toba
Hiroshima
Kochi
Beppu
Shikoku
Nagasaki
Kyushu
Kagoshima
Pazifischer Ozean
N
0 100 200 300 400 km
Hokkaido und Nord-Honshu
Historisches Kansai
Zentraljapan und Tokyo
Südwest-Honshu, Shikoku und Kyushu

1F 家電エアコン
B1 住宅設備用品
ビデオ
全館ビ

INHALT

JAPAN: ERLEBEN UND GENIESSEN

Japan, das Land der aufgehenden Sonne oder einfach Nippon, ist ein Land voller faszinierender Widersprüchlichkeiten. Uralte Tempel und Schreine, bezaubernde Gärten und Teehäuser liegen neben Wolkenkratzern mit ihren leuchtend bunten Reklametafeln. Inmitten der Hektik des High-Tech-Zeitalters nehmen sich auch heute noch viele Japaner Zeit für die traditionelle Teezeremonie, um ihren Geist und ihre Seele zu harmonisieren.

Die gleichen Gegensätze zwischen Tradition und Moderne in Japans Alltag gelten auch für das Essen. Denn wenn auch in den japanischen Großstädten Fast-Food auf dem Vormarsch ist, wird die traditionelle Eßkultur überall liebevoll gepflegt. Dazu gehört auch die ehrfurchtsvolle Haltung allen Lebensmitteln gegenüber, die in alter Zeit als göttliches Geschenk betrachtet wurden. Ganz wichtig für die kulinarische Tradition in Japan ist die optisch ansprechende Präsentation der Speisen, denn hier gilt mehr als anderswo, daß das Auge mitißt. Egal, ob Sie in ein kleines Imbißlokal gehen und dort nur ein »schnelles« Essen einnehmen oder ob Sie das Glück haben, ein Festessen im Familienkreis zu erleben: Auf die sorgfältige Auswahl der Zutaten, die gewissenhafte Zubereitung und die Feinheiten der Dekoration verwenden japanische Köche und Hausfrauen erhebliche Zeit und Mühe. Das Essen selber soll unverfälscht und natürlich schmecken, so werden nur wenige Würzmittel verwendet.
In Japan gibt es keine ganz strenge Menüfolge. Das einzige, was wirklich streng beachtet wird, ist die Vielfältigkeit der Gerichte, denn jede japanische Hausfrau ist stolz darauf, daß sich weder die Zubereitungsmethode noch die Zutaten bei einem Essen wiederholen. Das Geschirr, auf dem die Speisen angerichtet sind, ist selten einheitlich. Aber bei der Auswahl der Teller und Schüsseln werden sich Ihre Gastgeber immer Mühe geben, einen Bezug zur jeweiligen Jahreszeit herzustellen, um die Nähe zur Natur zu verdeutlichen. So ist zum Beispiel das Geschirr im Frühling hell und aus zartem Porzellan oder Glas. Im Winter dagegen sind die Schüsseln und Schalen meist aus dunklerer und dickerer Keramik. Die Zutaten für die einzelnen Gerichte, die Ihnen serviert werden, sind saisongerecht ausgewählt und deshalb ganz frisch und von bester Qualität.
Dieses Buch möchte Ihnen das reizvolle Land Japan und seine raffiniert einfache Küche nahebringen. Das erste Kapitel erzählt Ihnen Interessantes über Landschaften und Städte, über die freundlichen Menschen, die Feste, Traditionen und kulinarischen Spezialitäten. Danach folgen die Rezeptkapitel, die ausschließlich Originalrezepte enthalten. Durch die genauen Schritt-für-Schritt-Beschreibungen sind die köstlichen Gerichte leicht nachzukochen. Tips, Informationen und Varianten ergänzen die mit appetitanregenden Farbfotos bebilderten Rezepte. Ein ausführliches Glossar rundet das Buch ab. Die Mengenangaben bei allen Gerichten, auch bei den Hauptspeisen, sind für japanische Portionen berechnet, die im Vergleich zu europäischen eher klein ausfallen. Die typischen Speisenkombinationen helfen Ihnen dabei, die einzelnen kleinen Gerichte zu einer kompletten Mahlzeit zusammenzustellen. Sie zeigen Ihnen, wie Sie Ihre Familie und Gäste original japanisch verwöhnen können. Viel Spaß beim Kochen und »Itadakimasu«, was man in Japan am Anfang des Essens sagt und in etwa dem deutschen »Guten Appetit« entspricht.

LAND & LEUTE LADEN EIN...

Japan, der Inselstaat im nördlichen Pazifik, besteht aus den vier Hauptinseln Hokkaido, Honshu, Shikoku und Kyushu und aus über 4000 weiteren kleinen Inseln. Die langgezogene Nord-Süd-Ausdehnung Japans sorgt dafür, daß das Land die Einflüsse fast aller Klimazonen der Erde zu spüren bekommt. Im Winter herrscht auf der nördlichsten Hauptinsel Hokkaido klirrende Kälte, während die Inseln unterhalb Kyushus im subtropischen Klima liegen. Die Regionen zwischen Tokyo auf Honshu und Nordkyushu wiederum haben ein gemäßigtes Klima, das weder sehr kalte Winter noch unerträglich heiße Sommer hervorbringt. Ein großer Teil der Landesoberfläche Japans ist extrem gebirgig, so daß die ausgedehnten Wohn- und Industriegebiete hauptsächlich in den Küstengebieten und Tälern zu finden sind. So kommt es, daß sich die Bevölkerung auf nur 20 Prozent der Fläche zusammendrängt.

Der Inselstaat Japan lebte jahrhundertelang weitgehend isoliert von der restlichen Welt. So gewöhnten sich die Menschen daran, sich nur mit Hilfe der eigenen Ressourcen zu ernähren. Das Meer lieferte Fisch, Meeresfrüchte und Seetang, und auf dem Land baute man schon seit alter Zeit Reis an. Reisfelder, auch wenn sie noch so klein sind, prägen auch heute noch das gesamte Landschaftsbild Japans. Wie wichtig das Hauptnahrungsmittel für Japan ist, wird durch das japanische Wort gohan deutlich, was zugleich Reis und Essen bedeutet. Eine Mahlzeit ohne Reis ist für Japaner einfach undenkbar. Nur 15 Prozent der Bodenflächen Japans sind fruchtbare Ebenen, in denen neben Reis auch Getreide, Sojabohnen, Kartoffeln, Gemüse und Obst angebaut werden. Weideland ist auf den gebirgigen Inseln nur spärlich vorhanden, so daß die vor etwa 100 Jahren eingeführte Viehzucht nur eine kleine Rolle spielt. In vielen Bereichen ist Japan deshalb heute auf Importe angewiesen.

Im 6. Jh. n. Chr. kam der Buddhismus nach Japan und mit ihm das Gebot, nicht zu jagen und keine Tiere zu töten. Ihm hat die japanische Küche ihre Sojaprodukte zu verdanken. Denn Miso (Sojabohnenpaste), Sojasauce und Tofu (Sojabohnenspeise) wurden entwickelt, weil man nun ohne Fleischprodukte auskommen mußte. So hat sich in Japan auch eine eigenständige und köstliche Gemüseküche entwickelt.

Das wichtigste Nahrungsmittel Japans neben Reis ist Fisch. Allein 100 bis 150 Sorten werden täglich auf Japans größtem Fischmarkt in Tokyo verkauft.

Der Io-Vulkan ist ein beliebtes Ausflugsziel. Der aktive Vulkan liegt im Akan-Nationalpark.

Diese monumentale Statue einer Göttin steht in einem Park bei der Stadt Aizu-Wakamatsu.

Der rauhe Norden

Der Norden Japans wird eher seltener bereist und ist daher am wenigsten bekannt. Vielleicht liegt es daran, daß es dort nicht so viele berühmte Kunstschätze gibt wie zum Beispiel im vielbesuchten Zentraljapan. Nicht einmal das Klima wirkt auf den ersten Blick besonders einladend, denn im Winter liegt meterdick der Schnee und die Winde sind eisig und rauh. Und doch lohnt es sich, einmal die üblichen Reiserouten zu verlassen, denn das typische Japanbild von einem hochindustrialisierten und dichtbevölkerten Land wird man im Norden vergeblich suchen. Hokkaido umfaßt zwar 20 Prozent der Landesfläche, aber nur 5 Prozent der Japaner leben auf der großen Insel. Um einen Vergleich zu haben, muß man sich nur vorstellen, daß in Tokio über 5000 Menschen auf einem Quadratkilometer zusammengedrängt wohnen, in Hokkaido sind es dagegen weniger als 70 Menschen auf der gleichen Fläche. Da es im Norden kaum Industrie gibt, ist die Natur dort noch weitgehend unberührt und unverbaut geblieben. Klare Gebirgsseen und Wälder in den Nationalparks wechseln mit weiten Weide- und Ackerflächen.

Im Norden sind noch Traditionen lebendig, die in den Ballungszentren schon in Vergessenheit geraten sind. Am deutlichsten wird das bei den regionalen Volksfesten, die im Winter wie im Sommer mit wahrer Hingabe gefeiert werden. In der kalten Jahreszeit vertreiben zum Beispiel die Bewohner vieler Dörfer mit uralten Ritualen, einem fröhlichen Fest und viel wärmendem Reiswein die bösen Wintergeister. Im Februar reisen viele Japaner auch gern nach Sapporo, der Hauptstadt Hokkaidos, zum berühmten Yuki-Matsuri, dem Schneefestival. Dort steht man staunend vor den gigantischen Kunstwerken aus Schnee, die auf dem breiten Odori-Boulevard mitten in der Stadt aufgebaut sind: Burgen, Märchengestalten, Tiere, ganze Städte gibt es zu sehen – leider ist ihre Lebensdauer viel zu kurz! Die Hauptinsel Honshu ist mit Hokkaido durch einen Unterwassertunnel verbunden. Der Norden der Insel besteht aus den sechs Präfekturen (das ist eine typische japanische Verwaltungseinheit) Aomori, Akita, Iwaté, Miyagi, Yamagata und Fukushima. Auch dieser Inselteil ist für seine landschaftliche Schönheit bekannt. Die großen Feste finden hier im warmen August statt. Zum Beispiel das Hanagasa-Fest in Yamagata oder das Kanto-Fest in Akita, um für eine gute Ernte im Herbst zu bitten. Beim Nebuta-Fest in Aomori ziehen die Männer riesige, von innen beleuchtete, zum Teil furchterregend aussehende Figuren aus Pappmaché auf Wagen durch die Stadt. Dieses Fest geht angeblich auf eine Kriegslist zurück. Ein japanischer Feldherr, so heißt es, benutzte bei einer Schlacht gegen die Ureinwohner des Nordens solche riesigen Pappfiguren, um sie in die Flucht zu schlagen. Die List soll gelungen sein, angeblich flohen die Ainu auf die Insel Hokkaido.

Noch immer leben dort etwa 16000 Ainu. Es ist ein altes Fischer- und Jägervolk, das heute überwiegend von der Landwirtschaft lebt.

Im kühlen Klima Nord-Honshus gedeihen Weizen, Kartoffeln, Buchweizen, Reis und Obst sehr gut. Etwa 75 Prozent der gesamten Kirschernte Japans

Heute leben noch etwa 16 000 Ureinwohner, die Ainu, auf Hokkaido. Sie wohnen in etwa 100 Dörfern im Süden und Osten der Insel.

kommt aus der Präfektur Yamagata, im Norden Honshus, die auch für ihre köstlichen Äpfel bekannt ist. Aus Buchweizen werden die beliebten Sobanudeln gemacht. Eine Spezialität, die Sie unbedingt probieren sollten, sind die Wanko-Sobanudeln der Präfektur Iwaté. Die Wanko-Soba werden mit kalter Brühe in einer Schale serviert, die gerade so viele Nudeln enthält, daß Sie sie mit einem Mal hinunterschlürfen können. Dabei steht die Serviererin hinter Ihnen und ersetzt stets die leere Schale durch eine volle. Zu den Nudeln werden verschiedene Zutaten gereicht, zum Beispiel gehacktes Hähnchenfleisch in einer würzig-süßen Sauce gekocht, Noriseetang, Frühlingszwiebeln, Walnüsse und/oder Thunfisch. Übrigens ist mit »hinunterschlürfen« wirklich geräuschvolles Schlürfen gemeint. In Japan gehört es nämlich durchaus zum guten Ton, laute Geräusche beim Nudelessen zu machen. Auch auf Hokkaido wird Reis angebaut. Durch die Züchtung robusterer Reissorten ist der Ertrag sogar fast so hoch wie auf den südlichen Inseln. Die Bauern der Insel versorgen den Rest des Landes auch mit Eiern, Gemüse, Butter und Milch. Die Insel ist außerdem noch für Konbu berühmt, eine Seetangart, die hier im Meer geerntet wird.

Gelassenheit und Humor haben im Buddhismus einen hohen Stellenwert. Natürlich auch im Daigoji-Tempel in Kyoto.

Der Zen-Steingarten von Daisen-in in Kyoto soll dem Geist mit seinen klaren Formen Ruhe verschaffen.

Historisches Kansai

Eine Reise nach Kansai ist eine Reise in die japanische Geschichte. In dieser dichtbesiedelten Region zwischen den Städten Kobe, Osaka und Kyoto befinden sich bedeutende alte Kunstschätze. In der Landschaft südlich von Kyoto soll Kaiser Jimmu der Sage nach im 7 Jh. v. Chr. die erste Hauptstadt des Inselreichs gegründet haben. Bis zum 8. Jh. n. Chr. wechselten die Residenzen nach dem Tod des jeweiligen Herrschers. Bevor Nara 710 zur ersten festen Kaiserstadt wurde, glaubte man, daß die jeweilige Residenzstadt durch den Tod eines Potentaten verunreinigt würde. Dieser Glaube trat erst in den Hintergrund, als der Buddhismus in Nippon Fuß faßte. Bevor die ersten Mönche die neue Lehre verbreiteten, gab es nur den Shintoismus in Japan. Dieser Kult, der bis dahin keinen Namen brauchte, wurde nun, um Verwechslungen mit der neuen Religion vom Festland zu vermeiden, Shinto, Weg der Götter, genannt. Im Mittelpunkt des Shinto stehen die Kami. Die Kami sind an einen bestimmten Ort gebundene Götter und Naturgeister, zu deren Verehrung an den entsprechenden Plätzen Schreine gebaut wurden. Aber auch die Verehrung der Ahnen spielt im Shintoismus eine große Rolle. Es dauerte fast ein Jahrhundert, bis der Buddhismus in Japan etabliert war. Kronprinz Shotoko Taishi hat damals im 7. Jh. den Buddhismus als Staatsreligion eingeführt und unter anderem den Tempel Horyuji bei Nara gegründet. Die waldreichen Hügel rund um diese Stadt und ihre zahlreichen Gärten und Teiche machen Nara zu einer der schönsten Städte Japans. Hier können Sie einige der ältesten und bedeutendsten Bauwerke der japanischen Geschichte besuchen. Der Kasuga-Schrein z. B. ist einer der ältesten Shinto-Schreine Japans. Er wurde im Jahre 768 gegründet und ist mythologischen Kriegshelden und Ahnen geweiht. Etwa 11 km südlich von Nara steht der schon erwähnte Tempel Horyuji. Er ist der älteste im Originalzustand erhaltene Tempel Ostasiens und das älteste erhaltene Holzgebäude der Welt. Die Zimmerleute haben um 600 n.Chr. Hinoki-Holz als Material gewählt, eine Zedernart, die zweitausend Jahre halten soll.

Nur ein Jahrhundert lang residierten die Kaiser in Nara. Schon 784 verlegte Kaiser Kammu seine Residenz nach Heian, das später den Namen Kyoto erhielt. Er wollte so weit wie möglich weg von den buddhistischen Großtempeln in Nara. Denn ihre Mönche hatten begonnen, sich in die Politik Japans einzumischen, und gefährdeten sogar die Herrscherdynastie. Kyoto, die ehrwürdige Kaiserstadt, war nun über ein Jahrtausend das kulturelle, religiöse und, mit Unterbrechung, auch das politische Zentrum Japans. Mit

über 1500 buddhistischen Tempeln, Klöstern und Gärten, rund 400 Shinto-Schreinen und einer wunderschönen Altstadt bezaubert Kyoto heute noch jeden Besucher. Auch alte Handwerkskünste und Traditionen sind in dieser Stadt lebendig geblieben. So haben die Teezeremonie und die Kunst des Blumensteckens, Ikebana genannt, in Kyoto eine besonders lange Tradition. Einmal im Jahr feiert jeder Schrein und Tempel ein großes Fest. Das berühmteste Fest ist das Gion-Fest des Yasaka-Schreins, das schon über 1000 Jahre alt ist. Es wird immer Mitte Juli mit großem Umzug von Festwagen und Kostümgruppen gefeiert, und Sie sollten es unbedingt einmal miterleben! Die Küche Kyotos ist stark vom Kaiseki-Stil beeinflußt, d.h., es werden sehr viele kleine, besonders feine Gerichte serviert. Ein weiterer Einfluß kommt von der vegetarischen Tempelküche, dem Shojin-Ryori, die in buddhistischen Klöstern entwickelt wurde. Wenn Sie Glück haben, bietet man Ihnen in einem Tempel ein solches Essen an, das gänzlich ohne Fleisch, Fisch und Eier auskommt. Aus dem religiösen Tabu heraus haben die Mönche eine Küche entwickelt, die auch den erklärtesten Anti-Vegetarier überzeugen würde. Einen krassen Gegensatz zum ehrwürdigen, eher konservativen Kyoto bildet die quirlige Hafenstadt Osaka. Dabei ist ihre Geschichte noch älter als die Kyotos. Ausgrabungen brachten frühe kaiserliche Residenzen zum Vorschein. Westlich von Osaka liegt die internationale Hafenstadt Kobe, die sich durch das Kobefleisch einen Namen gemacht hat. Das Fleisch ist mit feinen Fettadern durchzogen und durch eine spezielle Fütterung der Rinder besonders zart. Sukiyaki, das Rindfleischfondue, schmeckt in dieser Gegend ganz besonders köstlich.

In Kyoto gibt es 400 Shinto-Schreine. Einer der berühmtesten ist der Heian-Schrein. Er ist Kaiser Kammu, dem Gründer Kyotos, geweiht.

Solche Steingefäße sind traditionell zur Reinigung von Mund und Händen gedacht.

Einige Tokyoter warten vor dem Takarazuka-Theater in der Ginza auf die Öffnung der Kasse. Das Plakat im Hintergrund wirbt für die Vorstellung.

Zentraljapan und Tokyo

Zentraljapan ist in die drei Distriktregionen Kanto, Chubu und Hokuriku aufgeteilt. Kanto war lange eine eher rückständige Region, erst im vergangenen Jahrhundert hat es sich zum führenden Wirtschaftsraum mit der größten Bevölkerungsdichte Japans entwickelt. Ein bißchen hat auch der berühmteste Berg Japans zum Aufschwung der Region beigetragen. Der 3776 m hohe Fuji-san spuckte die vulkanische Asche aus, die auf Kantos Feldern zu fruchtbarem Lehm verwitterte. In Europa wird der höchste und am meisten verehrte Berg Japans manchmal noch Fuji-yama genannt. Yama und San heißt beides Berg. Die Japaner nennen ihn jedoch immer Fuji-san. Er wird wegen seiner vollendet schönen Kegelform und seiner Größe so verehrt. Der Mittelpunkt Kantos ist Tokyo. Die riesige Metropole, die seit 1868 Hauptstadt Japans ist, wird von den umliegenden Präfekturen mit Reis, Gemüse und Früchten versorgt. Sie hat zwischen 10 und 25 Millionen Einwohner, je nachdem, wo man die Stadtgrenzen zu Kawasaki, Yokohama und den anderen Nachbarstädten zieht. Das ganze Gebiet wird der Einfachheit halber »Großraum Tokyo« genannt. Tokyo ist eine der am dichtest besiedelten Städte der Welt. Das Ballungszentrum von Industrie und Verwaltung, das politische und wirtschaftliche Herz Japans ist eine faszinierend lebendige Stadt. Erdbeben, Feuersbrünste und auch Kriege haben sie oft zerstört, aber jedesmal wurde sie größer und völlig verändert wieder aufgebaut. Aus diesem Grund sind in Tokyo allerdings wenig historische Zeugnisse erhalten. Eines der bekanntesten Viertel Tokyos ist die Ginza, das Einkaufsviertel mit unzähligen Kaufhäusern, Geschäften, aber auch Cafes und Restaurants. Ein-

kaufen ist eine der Lieblingsbeschäftigungen der Japaner. In den schicken Kaufhäusern der Ginza, die auch abends noch bis 20 Uhr geöffnet haben, verbringen sie einen großen Teil ihrer Freizeit. Sogar der Familienausflug am Sonntag geht oft ins Kaufhaus, wo mit Begeisterung konsumiert wird. Tokyo ist rund um die Uhr mit Leben erfüllt. Manche Läden haben die ganze Nacht geöffnet, noch um vier Uhr nachts können Sie im Stadtteil Shinjuku ein warmes Essen bekommen. Kurze Zeit später beginnt schon auf dem Fischmarkt von Tsukiji die Fischversteigerung.
Auf diesem größten Fischmarkt der Welt suchen die Fischhändler, Restaurantbesitzer und Köche der Stadt eigenhändig die Fische aus, die sie später zubereiten wollen. Gegen fünf Uhr beginnt die Versteigerung der frischen Thunfische und vieler anderer Fische und Meeresfrüchte. Es lohnt sich wirklich, einmal so früh aufzustehen und das faszinierende Spektakel mitzuerleben. Anschließend sollten Sie in eines der umliegenden kleinen Restaurant zum Frühstücken gehen: entweder nur Sushi oder Misosuppe, Reis, Gemüse und natürlich gebratenen Fisch.
Das Zentrum Tokyos ist der Kaiserpalast. Nur zweimal im Jahr, zu Neujahr und zum Geburtstag des Kaisers am 23. Dezember, darf man sich seiner Residenz auf Sichtweite nähern. In der übrigen Zeit genießen die Tokyoter einfach den Spaziergang um die ausgedehnten Palastgärten. Eine besondere Sehenswürdigkeit ist der Asakusa-Kannon-Tempel im Stadtviertel Asakusa. Der Tempel ist eines der ältesten buddhistischen Gebäude Tokyos und wird von einer riesigen fünfstöckigen Pagode gekrönt. Der Ueno-Park ist ein beliebtes Ausflugsziel. Mehrere Tempel und Schreine, ein See und das sehenswerte Tokyo National Museum ziehen groß und klein in den Park. Zur Zeit der Kirschblüte im Frühjahr ist der Park brechend voll, denn Familien und ganze Firmenbelegschaften besetzen dort jeden Fleck, um fröhliche Picknicks zu veranstalten. Doch auch ein Tagesausflug nach Kamakura, das nur 50 km von Tokyo entfernt liegt, ist beliebt. Die Stadt war einst von 1192 bis 1331 die Regierungshauptstadt der Shogune, der Obermilitärbefehlshaber Japans. Die Kaiser residierten in dieser Zeit machtlos in Kyoto. Der Kriegerkaste der Shogune, die den strengen Zen-Buddhismus förderte, verdankt die Stadt viele ihrer Tempel und den berühmten großen Buddha. Die riesige Statue stammt aus dem Jahre 1253 und ist mit fast 13 m Höhe die zweitgrößte und vor allem schönste Monumental-Buddha-Statue Japans. Die zahlreichen nahe gelegenen Badestrände am Pazifik gelten als die »Japanische Riviera«. Die gebirgige Mitte Honshus, die Region Chubu, beheimatet landeinwärts die japanischen Alpen. Die hochgelegenen Gebiete Yamanashi, Nagano und Gifu werden allgemein als das »Dach Japans« bezeichnet.

Es ist Herbst in den japanischen Alpen. Im Hintergrund ein schneebedeckter Berg bei Tahayama.

Die Handelsstadt Kumamoto im Südwesten Kyushus ist schon allein wegen des prachtvollen Landschaftsgartens, dem Suizenji-Park, einen Besuch wert.

Aus diesem Drachenkopf in Beppu, im Norden Kyushus, kommt heißer Wasserdampf, der an allen Ecken dieser Stadt aus dem Boden quillt.

Der milde Süden

Der Südwesten der Hauptinsel Honshu wird durch das Chugoku-Gebirge geteilt. An der südöstlichen Flanke des Gebirges ist es auch im Winter sonnig und mild. In den heißen Sommermonaten laden die Buchten entlang der Küste mit ihren schönen Sandstränden zum Sonnenbaden und Schwimmen ein.

Auf der anderen Seite des Chugoku-Gebirges, an der Inlandsee, liegen die Stadt Okayama, die für schöne unglasierte Töpferarbeiten bekannt ist, und die Handelsstadt Kurashi mit vielen interessanten alten Lagerhäusern. In Hiroshima erinnert ein großes Museum an die schreckliche Vergangenheit, den Atombombenabwurf auf die Stadt 1945, am Ende des Zweiten Weltkriegs.

Nicht weit entfernt von der Stadt liegt die kleine Insel Miyajima. An ihrer Küste steht einer der schönsten und berühmtesten Schreine Japans. Der Itsukushima stammt aus dem Jahre 811 und ist drei Shinto-Göttinnen geweiht. Alle seine Gebäude sind durch lange rotlackierte Korridore miteinander verbunden. Noch berühmter als der Schrein ist das rote Torii-Tor aus Kampferholz, das 1875 erbaut wurde. Es steht gut 160 m vor Miyajimas Küste im Meer und ist Japans Wahrzeichen.

Vom Hafen Shimonoseki ganz im Westen Honshus startet die tägliche Fähre nach Südkorea. Sie können von hier aus auch über eine Brücke oder unterirdisch mit der Bahn zur vierten Hauptinsel Kyushu gelangen. Am besten ist es aber, wenn Sie per Schiff nach Kyushu fahren. Denn dann können Sie die ganze Schönheit der Inlandsee genießen. Dieser etwa 500 km lange Meeresarm liegt zwischen Honshu, Shikoku und Kyushu. Das Gewässer ist an einigen Stellen nur wenige Kilometer breit und mit unzähligen kleinen, zum Teil phantastisch geformten Inselchen übersät. Das Zentrum der Inlandsee ist heute ein Naturschutzgebiet.

Bevor Sie nach Kyushu reisen, sollten Sie aber einen Abstecher nach Shikoku machen. Die kleinste der vier Hauptinseln steht meist auf keinem Sightseeing-Programm. Der berühmte Garten in Takamatsu mit seinen vielen Teichen und Teepavillons, die schönen Wanderwege durch Berge und Wälder und ein sehenswertes Museumsdorf, in dem alte Bauern- und Teehäuser gezeigt werden, locken trotz ihrer Reize nur wenig Touristen an. Auch die meisten Japaner, die Shikoku besuchen, kommen in erster Linie zur Wallfahrt auf die Insel. Auf Shikoku wurde im Jahre 744 Kobo Daishi, der Gründer der buddhistischen Shingon-Schule, geboren. Die berühmteste Wallfahrt Japans führt durch 88 Tempel, die alle ihm geweiht sind. Kochi, das direkt am Pazifik liegt, ist für seine köstlichen Fischgerichte bekannt und Kagawa für seine selbstgemachten Udon-Nudeln.

Vulkanisches Kyushu

An der gesamten Nordküste von Kyushu hat sich die Industrie angesiedelt. Im feuchtwarmen Süden steht dagegen die Landwirtschaft im Mittelpunkt. Dort gedeihen auf dem fruchtbaren Lavaboden köstliche Zitrusfrüchte und zahlreiche Gemüsesorten.

Die meisten aktiven der insgesamt 200 Vulkane Japans befinden sich auf Kyushu. Der unruhigste ist der Sakura-

jima in der Nähe der Stadt Kagoshima. Immer wieder spuckt er schwarze Asche und Lavabrocken in die Luft. Zum Schutz gegen ein plötzliches vulkanisches Bombardement stehen entlang der Küstenstraße in regelmäßigen Abständen Betonunterstände. Spätestens bei ihrem Anblick wird jedem Reisenden bewußt, auf welchem Pulverfaß die Bewohner Kyushus leben. Die Menschen im Süden nehmen die häufigen Eruptionen aber ganz selbstverständlich und gelassen hin. Im Aso-Nationalpark liegt der größte Vulkankrater der Erde. Er hat eine Fläche von 3500 Quadratkilometern und ist besiedelt. Etwa 70 000 Menschen leben in den Dörfern und Städtchen im Aso-Krater. Nach Nagasaki im Westen Kyushus kommen nur wenige ausländiche Reisende. Die Stadt, die die gleiche Atomkatastrophe wie Hiroshima erlebte, ist eine alte Handelsstadt. Sie hatte auch in der Zeit, als Japan sich ganz von der Außenwelt isolierte, noch Handelsbeziehungen zum Ausland. Besonders zwischen dem 17. und 19. Jh. florierten die Geschäfte mit China und Holland. So finden sich viele fremde Einflüsse in den Gerichten der Region um Nagasaki. Die Geschmacksrichtung ist zum Beispiel sehr viel süßlicher als in den anderen japanischen Gebieten.

In den warmen Gewässern Kyushus wächst Nori, ein Seetang, besonders gut. Er wird hier kontrolliert angebaut und im Winter entweder mit der Hand oder mit Saugpumpen abgeerntet und dann weiterverarbeitet. Der getrocknete Nori wird in sämtliche Regionen Japans verschickt. Besonders gerne wird er zum Einwickeln von Sushi genommen.

Kendo, das mit Bambusschwertern ausgetragen wird, gehörte zu den Kriegskünsten der Samurai.

Das rote Tor aus Kampferholz vor der Insel Miyajima ist das Wahrzeichen Japans.

Am Tag der Jungen hissen alle Familien, die einen Buben haben, Stoffkarpfen. Im Hintergrund ist der ehrwürdige Fuji-san zu sehen.

Das Land der Feste und des Schenkens

Wenn Sie immer geglaubt haben, daß Japaner eher vornehm zurückhaltende Menschen sind, dann sollten Sie unbedingt einmal ein shintoistisches Fest besuchen. Wenn ein Shinto-Gott oder -Geist gefeiert wird, ist der ganze Ort bzw. Stadtteil auf den Beinen. Männer oder Frauen schleppen den lokalen »Kami« in seinem schweren tragbaren Schrein, dem Mikoshi, im Laufschritt durch die Straßen. Begleitet werden die schwitzenden Träger meist von Trommlern, Kostümgruppen und natürlich zahlreichen Zuschauern. Auch ein Geist oder Gott will Freude an seinem Dasein haben, und man stimmt ihn sich am besten günstig, wenn er mit ausgelassenem Tanzen, lautem Trommeln und mit viel Reiswein amüsiert wird. Viele Shinto-Schreine, aber auch die buddhistischen Tempel veranstalten einmal im Jahr ein großes Fest. Die meisten Feste in Japan haben eine sehr lange Tradition, einige sind bereits Jahrhunderte alt. Meist sind es Bitt- oder Dankesfeste. So wird vielleicht um eine gute Ernte gebeten oder für reichen Kindersegen gedankt. Es gibt auch viele nationale Feste in Japan. Mit diesen Festen sind spezielle Gerichte verbunden, die zum jeweiligen Anlaß gehören. Das Jahr beginnt mit dem wichtigsten Fest, dem Neujahrstag.

Die meisten Firmen und Behörden haben in der ersten Januarwoche geschlossen. Die freie Zeit wird dazu genutzt, die Tempel zu besuchen und Verwandte und Freunde zu treffen. Das alte Jahr wird mit einem Sobanudelgericht kurz vor Mitternacht verabschiedet, denn die langen Buchweizennudeln symbolisieren ein langes Leben. Viele Feiertage haben mit dem Alter zu

tun. Zum Beispiel der Tag des Alters, der auf den 15. September fällt. An diesem Tag werden alle alten Menschen geehrt. Oder das Puppenfest am 3. März, das für alle kleinen Mädchen gefeiert wird, um rechtzeitig für eine gute Hochzeit zu beten. Zu diesem Fest wird Shirozake, süßer Sake mit Reismalz, getrunken. Der 5. Mai ist der Tag der Jungen. Ihre Familien hissen an diesem Festtag Stoffkarpfen als Symbol für Stärke und Männlichkeit. An diesem Tag gibt es mit süßer Bohnenpaste gefüllte Reiskuchen, genannt Kashiwamochi. An allen Kinderfeiertagen gehen die Familien zu den Schreinen und beten für eine glückliche Zukunft ihrer Kleinen.

Der Tag der Jungen fällt wie der Verfassungstag am 3. Mai in die sogenannte »Golden Week«. Sie beginnt am 29. April, dem früheren Geburtstag Kaiser Hirohitos. Heute wird an diesem Festtag die Natur gefeiert. Auch die nächsten Tage sind landesweit arbeitsfrei. In der Golden Week sollten Sie lieber nicht herumreisen. Denn ganz Japan ist auf den Beinen, und Sie werden in kaum einem Zug oder Schiff einen Platz bekommen. Genauso ist es im August, wenn um den 15. herum buddhistisches Allerseelen gefeiert wird. Dem buddhistischen Volksglauben nach besuchen die Geister der Verstorbenen für eine Woche ihre Familien. Deshalb versammeln sich alle Angehörigen möglichst vollständig zu ihrer Begrüßung und reisen aus allen Landesteilen nach Hause.

Japaner lieben es aber nicht nur zu feiern, sie schenken auch besonders gerne.

Neben den klassischen Anlässen wie Geburtstag und Hochzeit gibt es dank der vielen Festtage immer eine Gelegenheit für ein hübsches Geschenk. Zweimal im Jahr ist es sogar üblich, Kollegen, Vorgesetzten und Kunden Geschenke zu machen. »Chugen« im Juli und »Seibo« im Dezember sind die sogenannten klassischen Geschenkzeiten.

Nicht nur das Geschenk selbst ist wichtig, sondern auch die hübsche, meist aufwendige Verpackung. Bei den Geschenken handelt es sich oft um etwas Eßbares. So kann es eine Schale mit ausgesuchten Erdbeeren, einer besonders schönen Melone oder sehr teuren Bananen sein. Beliebt sind auch Süßigkeiten, zum Beispiel Gelee oder gefüllte kleine Kuchen, die sehr aufwendig einzeln verpackt werden. Wenn Sie nach Japan fahren, sollten Sie auf jeden Fall einige kleine, liebevoll verpackte Gastgeschenke, die typisch für Ihren Heimatort sind, mitnehmen.

Ein shintoistisches Fest ist immer ein Erlebnis. Frauen und Männer tragen fröhlich einen schweren Schrein durch den Harajuku-Distrikt in Tokyo.

Auch die Kinder feiern das Schneefest in Akita.

Die japanische Familie

Die Gesellschaft in Japan beginnt sich immer mehr zu verändern. Das durchschnittliche Heiratsalter steigt, weil sehr viele junge Frauen erst studieren und eine Weile berufstätig sein wollen. Und immer weniger junge Männer sind gewillt, ihr ganzes Leben ausschließlich bei einer Firma zu bleiben. Aber der Wandel vollzieht sich nur langsam.
Japanische Frauen heiraten normalerweise mit etwa 24 und Männer spätestens mit 28 Jahren. Diejenigen, die alleine keinen passenden Partner finden, werden von den Eltern, Freunden oder wohlmeinenden Bekannten unterstützt. Manchmal sorgt sogar die Firma für ein O-miai, ein arrangiertes Treffen, wenn sie einem Mitarbeiter helfen will, »unter die Haube zu kommen«. Das Hochzeitsfest wird in Japan meist sehr aufwendig mit den Verwandten, Freunden, Bekannten, Kollegen und dem Chef in einem feinen Hotel gefeiert. Ob dabei die shintoistische, die buddhistische oder die christliche Trauungszeremonie gewählt wird, hängt im modernen Japan oft weniger von der Religionszugehörigkeit der Brautleute ab als davon, welche Zeremonie als die attraktivste erscheint.
In der Ehe hat die Frau bei der Betreuung und Erziehung der Kinder die Hauptverantwortung. Sie sucht auch meist den Kindergarten und die Schule für die Kinder aus. Fast immer steigt sie erst nach einer Familienpause von zwei bis drei Jahren wieder – meist halbtags – in das Berufsleben ein.
Das Wort Hausfrau hat in Japan einen sehr guten Klang, denn Haushalt und Kindererziehung besitzen in der Gesellschaft einen hohen Stellenwert.
Solange die Kinder sehr klein sind, genießen sie nahezu alle Freiheiten. Sie dürfen fast alles und werden sehr verwöhnt. Trotzdem versuchen die Mütter schon früh, sie mit viel Geduld zu Gemeinschaftssinn und Einfühlungsvermögen zu erziehen. Denn das japanische Leben ist nicht auf die einzelnen Individuen ausgerichtet, sondern es steht immer die Gruppe im Mittelpunkt. Das kann die Familie, die Schule, die Firma, der Verein oder der Freundeskreis sein. Viele Energien, die, zum Beispiel in Europa, in die eigene Profilierung gesteckt werden, fließen so gleich dem Team zu. Die Kindergärten und Schulen führen die Erziehung natürlich in diesem Sinne fort.
Väter haben normalerweise nur am Abend und am Wochenende Zeit, sich mit ihren Sprößlingen zu beschäftigen. Das Leben der meisten japanischen Männer konzentriert sich nach wie vor voll auf den Arbeitsplatz. Japanische Männer »gehörten« früher vom Tag ihres Eintritts an der Firma. Ein Arbeitnehmer verbrachte normalerweise sein

Am Sonntag im Yoyogi-Park in Tokyo sitzen viele junge Leute, die sich bewußt von alten Normen abheben wollen.

In der Schule zeigen die Kinder Gemeinschaft und Disziplin wie hier bei der morgendlichen Begrüßung des Direktors auf dem Schulhof in Osaka.

ganzes Arbeitsleben bis zur Rente in ein und demselben Unternehmen. Und noch heute fällt den jungen Männern der Schritt, die Firma zu wechseln, nicht leicht. Denn aufgrund der Gruppenerziehung fühlt man sich mit der Firma sehr stark verbunden.

Der Arbeitstag beginnt zwischen 8.30 Uhr und 9.00 Uhr und endet normalerweise gegen 18.00 Uhr. Es ist aber üblich, direkt nach der Arbeit noch mit Kollegen oder Kunden zum Essen oder etwas trinken zu gehen, bevor man den langen Heimweg antritt. Wehe dem, der außerhalb Tokyos wohnt, seinen Arbeitsplatz aber in der Metropole hat. Anfahrtswege von über einer Stunde in den überfüllten Zügen oder über verstopfte Straßen sind leider keine Seltenheit.

Daß Kollegen oder auch entferntere Bekannte zu einem Essen nach Hause eingeladen werden, ist in vielen Familien noch undenkbar. Der Hauptgrund dafür ist, daß die meisten japanischen Wohnungen sehr klein sind, so daß man mit Gästen lieber zum Essen geht. Wenn die Hausfrau für Gäste kocht, sind es meist Verwandte oder liebe alte Freunde. Das Essen zu Hause ist deshalb eher eine familiäre Angelegenheit, was aber nicht heißt, daß weniger Aufwand oder Liebe investiert wird.

Pro Tag werden normalerweise drei Mahlzeiten eingenommen: Frühstück, Mittagessen und Abendessen: Eine Schale Reis und eine Misosuppe bilden immer das Herzstück der Mahlzeit, das weitere Drumherum variiert je nach Tageszeit. Mittags kocht die Hausfrau nur für die Kinder, denn der Mann kommt nur dann zum Essen nach Hause, wenn er ganz in der Nähe arbeitet. Japaner lieben auch die Abwandlung von europäischen und asiatischen Gerichten z. B. Spaghetti oder Currygerichte. Das Essen wird einfach dem japanischen Geschmack angepaßt und mit Sojasauce gewürzt. Dem Abendessen wird von allen Mahlzeiten am Tag die größte Aufmerksamkeit geschenkt. Denn wenn der Ehemann einmal rechtzeitig nach Hause kommt, sitzt endlich die ganze Familie beisammen. Und wie läßt sich die Freizeit mehr genießen als bei einem köstlichen Essen?

Im Ofuro, dem »ehrenwerten Bad«, wird überraschenderweise nicht der Körper, sondern die Seele gereinigt. Bevor man ins heiße Wasser steigt, muß man sich schon gründlich gewaschen haben. Die Badehäuser sind nach Geschlechtern getrennt.

Die Teemeisterin gibt 2–3 Löffel Teepulver in die Schale und gießt dann mit einem Schöpflöffel aus Bambus heißes Wasser darauf. Dann schlägt sie die Flüssigkeit mit dem Teebesen schaumig.

Kleine Stilkunde

Mit ein wenig Wissen über die Wahl der Getränke, der Bedeutung einer Teezeremonie und den Umgang mit Stäbchen fallen die ersten Schritte in die Welt Japans und seiner Küche sicher etwas leichter.

Die Getränke zum Essen

Traditionell trinken Japaner grünen Tee und Sake zum Essen. Aber auch ein Bier, das eiskalt serviert wird, ist heute sehr beliebt. Wenn Sie eine Einladung zu einem japanischen Essen geben, können Sie Sake von Beginn der Mahlzeit an warm oder kalt servieren. Am Ende des Essens, wenn der Reis auf den Tisch kommt, sollten Sie zum Tee überwechseln, da Sake aus Reis fermentiert wird und deshalb als eher unpassend eingestuft wird. Im Sommer trinken Japaner als Erfrischung gerne kalten Mugicha, das ist ein gerösteter Gerstentee.
Ihren Gästen sollten Sie unbedingt immer rechtzeitig nachschenken. Diese höfliche Gäste wird in Japan besonders gepflegt. Nach dem Einschenken prostet man sich mit einem fröhlichen »Kanpai« zu.

Die Teezeremonie

Diese berühmte Zeremonie ist mit den buddhistischen Zen-Mönchen um 700 n.Chr. aus China nach Japan gekommen.
In den faszinierend schönen Gartenanlagen der Tempel werden die Teezeremonien in Teehäusern, die immer aus natürlichen Materialien wie Holz, Bambus und Papier bestehen, abgehalten. Bevor die Gäste die Räume betreten, reinigen sie Mund und Hände zunächst

mit frischem Quellwasser aus dem Steingefäß, das am Wegrand vor dem Eingang liegt. Nach genau vorgeschriebenen Ritualen wird vom Teemeister in den schlichten Räumen des Teehauses der Matcha, ein bitterer grüner Pulvertee, mit einem Bambusbesen zubereitet. Die Reihenfolge des Trinkens beginnt beim Ehrengast. Es gehört auch zur Zeremonie, die Dekoration des Raumes und die Schönheit des Geschirrs zu würdigen. Da der Tee sehr bitter schmeckt, ißt man als Ausgleich traditionelle Süßigkeiten. Oft werden im ersten Abschnitt der Teezeremonie kleine Gerichte zur Stärkung serviert. Die Küchentradition, die aus der Teezeremonie entstanden ist, wird als Chakaiseki Ryori bezeichnet.
Die klassische Teezeremonie dauert mehrere Stunden. Sie soll den Teilnehmern die Gelegenheit geben, zu geistiger Ruhe und Harmonie zu finden.
Das Teetrinken selbst spielt dabei eher eine Nebenrolle. Etwa zwei Millionen Menschen in Japan praktizieren die Teezeremonie regelmäßig.

Vom Umgang mit den Stäbchen

Ein wenig Übung erfordert es schon, bis man sicher mit Stäbchen essen kann. Grundsätzlich werden sie zu jeder Mahlzeit gereicht, und sie werden das ganze Essen über benutzt. Brauchen Sie sie einmal nicht, sollten Sie sie auf der Stäbchenablage plazieren. Wenn keine Ablage vorhanden ist, legen Sie sie einfach auf einem niedrigen Schälchen ab, zum Beispiel einem Soja-Saucenschälchen. Es gibt zwei absolute Tabus für den Gebrauch von Stäbchen: 1. Stäbchen dürfen nicht in den Reis gesteckt werden, und 2. Essen darf nicht von Stäbchen zu Stäbchen gereicht werden. Beides hat nämlich einen Bezug zu Beerdigungen und sollte deshalb unbedingt vermieden werden. Ebenso unfein ist es, wenn man bei einer angeregten Unterhaltung mit den Stäbchen auf einen Gegenstand oder jemanden zeigt. Wenn Sie sich etwas von einem großen gemeinschaftlichen Servierteller nehmen möchten, drehen Sie die Stäbchen einfach und benutzen die Seite, die nicht zum Mund geführt wird. Schüsseln dürfen Sie etwa auf Brusthöhe halten, um das Essen leichter mit den Stäbchen zum Mund führen zu können. Am besten achten Sie schon bei der Zubereitung des Essens darauf, daß Sie es immer in mundgerechten Stücken servieren, die problemlos mit Stäbchen gegessen werden können. Sind die Stücke doch einmal zu groß, kann man sie auch mit den Stäbchen zum Mund heben und abbeißen.

Suppen werden immer getrunken, und die festen Zutaten kann man mit den Stäbchen aufnehmen. Für Früchte oder Gelee wird eine Ausnahme gemacht, hier können Sie dekorative Holzzahnstocher oder eine Gabel und bei Eis einen Löffel dazulegen.

In Japan wird der Tisch eher schlicht gedeckt, um nicht vom Essen abzulenken. Deshalb sollten Sie mit Dekorationen auch eher sparsam umgehen. Oft stehen Zweige oder Blumen in einer schlichten Vase auf dem Tisch. Ikebana, die traditionellen Blumengestecke, sind kein typischer Tischschmuck.

Teezeremonie in einem Privathaus. Die Teemeisterin hat ihre Tochter zur Zeremonie eingeladen. Beide tragen traditionelle Kimonos.

Die Schüssel darf ruhig bis zur Brust geführt werden. Um Stäbchen so elegant zu halten, braucht es natürlich etwas Übung.

Gegensätze treffen aufeinander: Zwei Japanerinnen in der traditionellen Kleidung, in Kimonos, sitzen im Harajuku-Distrikt in Tokyo in einem Fast-Food-Restaurant.

Die japanischen Restauranttypen

Japan besitzt in allen Teilen des Landes eine Vielzahl von Restaurants, die oft und gerne besucht werden. Die meisten Lokale bieten nur eine ganz bestimmte Speisekategorie an. So gibt es in Nudelrestaurants eben nur Nudelgerichte oder in den Sushi-Bars nur Sushi. Bezahlt wird meistens an der Kasse am Ausgang. Es ist in keinem Restaurant üblich, Trinkgeld zu geben. Wenn Sie Sprachprobleme haben, helfen Ihnen die Wachsmodelle der Gerichte, die meist vor den Restaurants in Glasvitrinen stehen. Jede Bedienung ist bereit, kurz mit nach draußen zu kommen, wo Sie ihr das Gewünschte zeigen können. Auch das Bestellen von Speisen in Bento-Boxen ist sehr beliebt. Die meisten japanischen Restaurants bieten einen Lieferservice nach Hause und in die Firma an. Unter Bento versteht man Schachteln, deren einzelne Fächer mit Reis, Fisch, Fleisch und Gemüse gefüllt sind. Diese Lunchboxen werden auch in Bahnhöfen und Zügen verkauft.

Die Spezialitätenrestaurants

Nach der Arbeit gehen die japanischen Angestellten oft noch gemeinsam in Bars, Nomi-ya genannt. Dort trinkt man Reiswein, Bier oder Whisky und ißt kleine Gerichte. Mittags geht man meistens in ein Nudelrestaurant, um Soba- und Udonnudelgerichte zu essen. Yakitori-ya sind Restaurants, in denen es auf Holzkohle gegrillte Spießchen gibt. Hähnchenteile, Innereien, Gemüse oder Fisch werden auf Bambusspieße gesteckt, in eine spezielle Sauce getunkt oder nur gesalzen und dann gegrillt. Eine beliebte Spezialität in Japan ist Tempura. In den Tempura-Restaurants gibt es kleine Fischstücke, Garnelen und Gemüse, die in einen leichten Teig getaucht und dann fritiert werden. Tonkatsu-ya bieten panierte und fritierte Schweinekoteletts (Tonkatsu) mit einer speziellen Sauce an. Teppanyaki-Restaurants, in denen das Essen vor den Augen des Gastes auf einer heißen Grillplatte zubereitet wird, sind ebenso beliebt wie Okonomiyaki-Restaurants. Dort bekommen Sie eine Art Pfannkuchenteig und

verschiedene Zutaten wie Gemüse und Meeresfrüchte. Damit können Sie auf der im Tisch eingelassenen heizbaren Platte Ihre eigenen Pfannkuchen backen. Weitere Restaurants haben sich auf Sukiyaki, japanisches Rindfleischfondue, Aalgerichte, Tofuspeisen oder allgemein auf vegetarische Gerichte spezialisiert. Dafür sind besonders die buddhistischen Tempelrestaurants, die Shojin-Ryori, berühmt.
Am bekanntesten sind wohl die Sushi-Restaurants. Für Europäer ist roher Fisch auf gesäuertem Reis »auf den ersten Biß« vielleicht ein bißchen befremdend. Doch mittlerweile haben Sushi auf der ganzen Welt begeisterte Anhänger gefunden. Die kleinen Häppchen werden vor dem Essen in Sojasauce gedippt. Es gibt zahlreiche Varianten von Sushi, jedes Gebiet und jeder Ort in Japan hat seine eigenen Spezialitäten.

Das Kaiseki-Restaurant

Diese Restaurants gelten als die besten unter den Spezialitätenrestaurants. Die Küche entstand aus der Tradition der Teezeremonie. In vielen Gängen, fünfzehn und mehr, werden verschiedene kleine Köstlichkeiten angeboten. Das Ambiente ist ein schlichter Raum, der mit Tatamimatten, d.h. mit Reisstrohmatten, ausgelegt ist. Der Raum darf deshalb nur ohne Schuhe betreten werden. In der Mitte des Raumes steht der Tisch, an dem kniend gegessen wird. Eine Ecke des Zimmers ist immer mit einem besonderen Blumenarrangement oder einem Kunstwerk geschmückt, und der Ehrengast wird stets so plaziert, daß er genau in diese Ecke schaut. In vielen Kaiseki-Restaurants kann man nur auf Empfehlung Einlaß bekommen. Auf jeden Fall sollten Sie vorher reservieren. Besonders exklusiv ist Fugu-Fisch, der in Kaiseki-Restaurants oder in speziellen Fugu-Restaurants serviert wird. Die Innereien des Kugelfisches, der nur im Pazifik vorkommt, enthalten nämlich ein tödliches Gift, für das es kein Gegenmittel gibt. So darf der als besondere Delikatesse geltende Fisch nur von Köchen zubereitet werden, die eine spezielle Lizenz besitzen.

Bei geschäftlichen Essen wird manchmal eine professionelle Unterhalterin, eine Geisha, bestellt.

In kleinen Garküchen gehen die Männer nach der Arbeit gerne noch mit ihren Kollegen etwas trinken und eine Kleinigkeit essen.

行い、
はモレの原因となりますので
る恐れがあり

SUPPEN

Suppen gibt es zu jeder Mahlzeit, ob morgens, mittags oder abends. Anders als in Europa werden sie nicht als Vorspeise, sondern je nach Zusammenstellung der übrigen Gerichte dazu oder als Zwischengang gegessen. In der japanischen Küche lassen sich zwei Grundtypen unterscheiden, die klaren Suppen und die Misosuppen. Die berühmteste klare Suppe der japanischen Küche ist Dashi, die aus Wasser, Konbu, einer Seetangart, und Bonitoflocken, getrockneten Fischflocken, hergestellt wird. Diese feine Brühe enthält kaum Fett. Sie ist außerdem Grundzutat vieler japanischer Rezepte. So ist Dashi auch Basis der berühmten Misoshiru, einer Misosuppe, die heute noch viele Japaner zum Frühstück essen. Misosuppen sind mit weißer oder roter Sojapaste gewürzt, der sie ihren Geschmack und ihre Konsistenz verdanken. Zu sehr fein schmeckenden Gerichten wird immer eine klare Suppe serviert, die traditionell in einer Schale mit Deckel, einem Owan, auf den Tisch gestellt wird. Die Schalen sind im Original aus lackiertem Holz; heute werden aber auch oft Kunststoffimitate genommen. Suppen, die als Hauptgang zubereitet werden, wie z. B. Nudelsuppen zur Mittagszeit, kredenzt man in entsprechend größeren Steingut- oder Porzellanschalen. In Japan werden die festen Bestandteile der Suppen mit den Stäbchen aufgenommen, und die Brühe wird getrunken. Dabei wundert sich niemand über laute Geräusche am Tisch, denn in Japan ist das Schlürfen nicht nur erlaubt, sondern es gehört beim Essen von Suppen zum guten Ton. Ob die Suppe als Hauptgericht gegessen wird oder ob man sie zum Hauptgericht dazu serviert, können Sie anhand der Wertmarke erkennen.

Dashi-Brühe I

Grundrezept · Gelingt leicht

Ichiban Dashi

Zutaten für 800 ml Dashi-Brühe, für 4 Portionen:
1 Stück Konbu (Seetang, etwa 15 x 15 cm)
30 g getrocknete Bonitoflocken (Hana-Katsuo, etwa 3 gehäufte EL)

Zubereitungszeit: 15 Min.

Pro Portion: 110 kJ/26 kcal

1 Konbu sorgfältig mit einem Tuch abwischen, auf keinen Fall waschen. Konbu mit 800 ml Wasser in einem Topf langsam bei mittlerer Hitze offen zum Kochen bringen. Sobald das Wasser zu sieden beginnt, den Konbu entfernen. Dann das Wasser, das nun den Konbugeschmack angenommen hat, aufkochen lassen.

2 Bonitoflocken in den Topf schütten und dann das Konbuwasser erneut aufkochen lassen.

3 Etwa 1 Min. warten, bis die Bonitoflocken auf den Boden sinken, dann die Brühe durch ein Tuch gießen. Bonitoflocken und Konbu für Dashi II aufbewahren.

Variante: Dashi II (Niban Dashi)
Für diese Dashi-Version brauchen Sie etwa 30 Min. Zeit:
Konbu und Bonitoflocken von Dashi I sowie 20 g Bonitoflocken extra mit 1200 ml Wasser in einem Topf offen zum Kochen bringen. Konbu entfernen. Die Brühe so lange kochen, bis die Flüssigkeit auf zwei Drittel reduziert ist. Dann durch ein Tuch filtern.

Info: Die Dashi-Brühe I ist die Grundlage für feine Brühen und Saucen. Dashi II hat ein kräftigeres Aroma und wird zu Aufläufen, Fischspeisen und Misosuppen verwendet. Im Kühlschrank können Sie die Brühe etwa 2 Tage aufbewahren. Dashi II ist traditionellerweise ohne Dashi I nicht denkbar. D. h., Sie müßten, falls in einem Rezept mit Dashi II gekocht wird, zunächst die Dashi-Brühe I herstellen. Beide Dashi-Sorten lassen sich jedoch in größerer Menge vorbereiten und können dann portionsweise eingefroren werden. Wenn es einmal besonders schnell gehen muß oder Sie nur eine kleine Menge brauchen, können Sie auch in asiatischen Geschäften fertige Dashi-Brühe als Instantpulver kaufen.
Es wird einfach in kochendes Wasser eingerührt.

Tofu-Wakame-Suppe

Zum Hauptgericht · Gelingt leicht

Tofu to Wakamejiru

Zutaten für 4 Portionen:
4 kleine Stücke Wakame (Seetang, je etwa 5 x 5 cm)
125 g japanischer Tofu
800 ml Dashi-Brühe I (S. 28)
2 EL japanische Sojasauce

Zubereitungszeit: 15 Min. (+ 15 Min. für die Dashi-Brühe)

Pro Portion: 210 kJ/50 kcal

1 Wakame etwa 3 Min. in kaltem Wasser einweichen.

2 Tofu kurz in eine Schüssel mit kaltem Wasser eintauchen und dann abtropfen lassen. Tofu in etwa 1 cm große Würfel schneiden.

3 Dashi-Brühe in einen Topf geben und offen zum Kochen bringen. Japanische Sojasauce hineinrühren und Tofu dazugeben. Den Topf vom Herd nehmen.

4 Wakame mit der Hand gut auspressen und in die Suppe geben. Diese dann portionsweise servieren.

Variante: Sie können auch anstelle des Tofu Shrimps verwenden. Dazu vier mittelgroße geschälte Shrimps ohne Darm etwa 2 Min. in kochendem Wasser garen. Wakame und Dashi-Brühe wie oben beschrieben zubereiten. Wakame und Shrimps auf Suppentassen verteilen und mit Dashi-Brühe auffüllen.

Tip! Die Kombination von Tofu und Wakame ist in vielen japanischen Familien sehr beliebt. Sie können die Zutaten aber beliebig variieren, z. B. schmeckt es auch sehr gut, wenn Sie Aburaage (fritierten Tofu, Fertigprodukt aus dem Spezialitätengeschäft), Kartoffeln, Frühlingszwiebeln, Daikon (japanischen Rettich) oder Pilze verwenden. Sie sollten aber nie mehr als zwei oder drei verschiedene Zutaten in die Brühe geben, damit der Eigengeschmack der einzelnen Zutaten noch richtig zur Geltung kommt.

Seetang/Algen

Der getrocknete Seetang wird weiterverarbeitet.

Seetang spielt in der japanischen Küche eine große Rolle. 300 000 t werden jährlich in Japan gegessen. Er ist reich an Kalzium, Phosphor, Vitamin A, Eisen und Jod und hat keine Kalorien. Seetang wirkt in Gerichten geschmacksverstärkend. Die Hauptarten, die in Japan verwendet werden, sind Konbu, Hijiki, Nori und Wakame. Die Algen wachsen vor der japanischen Küste im Meer. Heute werden sie auch zum Teil künstlich herangezogen. Sie werden dann geerntet und weiterverarbeitet. In Europa sind Algen meist nur getrocknet zu bekommen. Konbu ist in Europa auch als Kelp bekannt. Die Algen werden bis zu 6 m lang. Es gibt ihn getrocknet, feingeschnitten und mit verschiedenen Gewürzen kombiniert. Er hat einen milden Geschmack.

Hijiki, eine schwarze Seetangart, die aussieht wie lange schwarze Teeblätter, muß vor der Zubereitung etwa 2 Std. eingeweicht werden. Beim Kochen verfünffacht sich das Volumen. Nori, in England als laver bekannt, sieht wie dunkelbraun oder dunkelgrün schimmerndes Papier aus. Der in Lagen gepreßte Seetang wird, ohne daß man ihn einweicht, für gerollte Sushi und Reiskugeln oder in Streifen geschnitten für Reisgerichte, Tofu, Knabbergebäck etc. verwendet.

Wakame gehört wie Konbu zu den Braunalgen. Er wird als Geschmacksverstärkung in der Misosuppe verwendet. Er schmeckt aber auch, nachdem er kurz eingeweicht wurde, in Salaten sehr gut.

Suppe mit Fischklößchen

Zum Hauptgericht · Gelingt leicht

Suimono

Zutaten für 4 Portionen:
800 ml Dashi-Brühe I (S. 28)
1 1/2 TL Salz
1 TL japanische Sojasauce
5 Stengel Schnittlauch
120 g Surimi (gepreßtes Fischfleisch)
1 Eiweiß
Saft von 1/4 Zitrone

Zubereitungszeit: 20 Min. (+ 15 Min. für die Dashi-Brühe)

Pro Portion: 190 kJ/45 kcal

1 Dashi-Brühe in einem Topf bei starker Hitze offen erwärmen und mit 1 TL Salz und Sojasauce würzen. Die Suppe darf nicht kochen.

2 Inzwischen Schnittlauch waschen, trockenschütteln und kleinschneiden.

3 Surimi kleinhacken. In eine Schüssel geben, 1/2 TL Salz dazugeben und mit einer Gabel kneten, bis es klebrig wird. Eiweiß dazumischen und so lange kneten, bis eine gleichmäßige Masse entsteht. Durch ein Sieb pressen und mit angefeuchteten Händen daraus walnußgroße Kugeln formen.

4 In einem Topf Wasser zum Kochen bringen, die Surimikugeln dazugeben und bei mittlerer Hitze offen etwa 3 Min. kochen.

5 Surimikugeln in Suppenschalen legen und mit Brühe auffüllen. Schnittlauch und einen Spritzer Zitronensaft dazugeben.

Tip! Die Fischkugeln können auch aus gekochten Fischresten hergestellt werden.

Venusmuschel-Suppe

Zum Hauptgericht · Gelingt leicht

Ushiojiru

Zutaten für 4 Portionen:
12 kleine Venusmuscheln (etwa 3 cm Ø)
Salz
1 kleines Stück Konbu (Seetang, etwa 5 x 5 cm)
60 ml Sake (japanischer Reiswein)
2 TL japanische Sojasauce
Bergpfefferblätter oder 1 Scheibe frischer Ingwer (etwa 2 cm) zum Garnieren

Zubereitungszeit: 20 Min. (+ 3 Std. Einweichen)

Pro Portion: 150 kJ/36 kcal

1 Venusmuscheln in reichlich Salzwasser (wie Meerwasser) mindestens 3 Std. stehenlassen, damit der Sand herauskommt. Danach die Schalen gründlich waschen. Bereits geöffnete Exemplare wegwerfen.

2 Konbu mit einem feuchten Tuch kurz abwischen, nicht abspülen. 800 ml Wasser, Konbu und Sake mit den Muscheln in einen Topf geben und erhitzen. Kurz vor dem Siedepunkt Konbu entfernen, Muscheln etwa 2 Min. weiterkochen, bis sie sich öffnen.

3 Muscheln herausnehmen und die Brühe durch ein Küchentuch passieren, Sojasauce hinzugeben. Ungeöffnete Muscheln wegwerfen, denn sie sind nicht genießbar.

4 Venusmuscheln in eine Suppenschale geben und mit Brühe auffüllen. Bergpfefferblätter waschen, trockenschütteln und die Suppe damit garnieren. Wenn Sie frischen Ingwer nehmen, die Scheibe längs in dünne Stäbchen schneiden und damit die Suppe bestreuen. Mit Reis servieren.

Info: Bergpfefferblätter bzw. Sansho-Blätter, wie sie auf japanisch heißen, sind frisch leider nur selten zu bekommen. Da es bei diesem Gericht nicht um ihren Geschmack, sondern nur um ihr hübsches Aussehen geht, können Sie deshalb als Ersatz ruhig Ingwerstäbchen als Dekoration nehmen.

Eier-Suppe

Kakitamajiru

Zum Hauptgericht · Geht schnell

Zutaten für 4 Portionen:
1 gehäufter EL Kartoffelmehl (Stärkemehl)
2 Eier
8 Mitsuba-Blätter (Dreiblätterkraut, ersatzweise Daikon-Kresse)
1 haselnußgroßes Stück frischer Ingwer
800 ml Dashi-Brühe I (S. 28)
2 TL japanische Sojasauce
4 TL Sake (japanischer Reiswein)

Zubereitungszeit: 20 Min.
(+ 15 Min. für die Dashi-Brühe)

Pro Portion: 170 kJ/40 kcal

1 Kartoffelmehl in 1½ EL kaltem Wasser auflösen. Eier in einer Schüssel gründlich verrühren. Mitsuba-Blätter waschen und grob zerhacken. Ingwer schälen, auf einer feinen Reibe reiben und den Saft auffangen.

2 Dashi-Brühe in einem Topf offen zum Kochen bringen, Hitze reduzieren und Sojasauce und Sake einrühren. Mit dem Kartoffelmehl die Brühe unter ständigem Rühren ein wenig eindicken.

3 Suppe kurz aufkochen lassen, vom Herd nehmen und die Eier langsam unter Rühren hinzufügen. Dann mit Ingwersaft würzen.

4 Die Suppe in vier Schälchen füllen, mit Mitsuba-Blättern dekorieren.

Variante: 3 Kartoffelyam (aus dem Spezialitätengeschäft) und 1 kleine Möhre schälen und klein würfeln. 1 Lauchzwiebel putzen und in feine Ringe schneiden. 200 g Hühnerbrustfilet und 100 g Konnyaku (Pfeilwurzel) in Würfel schneiden. 20 g Aburaage (fritierter Tofu, Fertigprodukt aus dem Spezialitätengeschäft) in feine Streifen schneiden. Schritt 1 wie oben, nur ohne Eier. Dann Gemüse und Konnyaku in die Dashi-Brühe geben und in etwa 20 Min. weich kochen.
Mit Sojasauce und Sake würzen, mit Kartoffelmehl eindicken. Kurz vor dem Servieren Aburaagestreifen und Lauchringe hinzufügen.

Gemüsesuppe mit Mochi

Zohni

Wintergericht · Braucht etwas Zeit

Zutaten für 4 Portionen:
4 getrocknete Shiitake-Pilze
4 Mochi (japanische Reiskuchen, Fertigprodukt aus dem Spezialitätengeschäft)
80 g frischer Blattspinat
80 g Möhren
120 g ausgelöstes Hähnchenschenkelfleisch mit Haut
700 ml Dashi-Brühe I (S. 28)
80 ml japanische Sojasauce
Salz

Zubereitungszeit: 1 Std. (+ 3 Std. Einweichen + 15 Min. für die Dashi-Brühe)

Pro Portion: 1300 kJ/310 kcal

1 Shiitake-Pilze in 200 ml Wasser etwa 3 Std. einweichen. Herausnehmen und die Stiele entfernen. Das Einweichwasser durch ein Sieb gießen und aufbewahren. Backofen auf 75°C (Gas Stufe 1) vorheizen.

2 In einer beschichteten Pfanne ohne Fett bei mittlerer Hitze Reiskuchen von beiden Seiten goldbraun rösten, sie sollten innen dabei weich werden. Dann im Backofen warm stellen.

3 Spinat putzen und gründlich waschen, Möhren schälen und in dünne Scheiben schneiden. Hähnchenfleisch in etwa 3 cm große Stücke schneiden.

4 Wasser in einem Topf zum Kochen bringen. Möhren und Hähnchenfleisch etwa 1 1/2 Min. blanchieren (sprudelnd kochen). Herausnehmen und warm stellen. Spinat etwa 1/2 Min. blanchieren, dann abschrecken.

5 Dashi-Brühe, Sojasauce, Salz und 100 ml Einweichwasser der Pilze offen in einem Topf zum Kochen bringen und etwa 5 Min. bei schwacher Hitze köcheln.

6 In vier Owans (japanische Suppenschalen) oder Suppentassen jeweils einen Reiskuchen und einen Shiitake-Pilz geben. Spinat, Möhren und Hähnchenfleisch verteilen. Mit der Suppe aufgießen.

Info: Vom 1. bis 3. Januar wird die Suppe traditionell anstelle von Reis gereicht.

Misosuppe mit Einlage

Nameko to Daikonoroshi no Misoshiru

Zum Hauptgericht · Gelingt leicht

Zutaten für 4 Portionen:
100 g Daikon (japanischer Rettich)
60 g Nameko-Pilze aus der Dose (ersatzweise frische Shiitake-Pilze)
nach Belieben: 4 Stengel Schnittlauch
800 ml Dashi-Brühe II (S. 28)
60 g rotes Miso (Sojabohnenpaste, ersatzweise weißes)

Zubereitungszeit: 15 Min. (+ 30 Min. für die Dashi-Brühe)

Pro Portion: 400 kJ/95 kcal

1 Rettich schälen und auf einem Gurkenhobel fein reiben. In einem Sieb abtropfen lassen. Pilze kurz in einem Sieb abwaschen, damit sie nicht mehr so glitschig sind. (Falls Sie Shiitake-Pilze verwenden, vorher putzen und abreiben.)

2 Schnittlauch waschen, trockenschütteln und dann in etwa 5 mm feine Röllchen schneiden.

3 In einem Topf Dashi-Brühe offen zum Kochen bringen. Auf schwache Hitze zurückschalten. Miso durch ein Sieb drücken und mit dem Schneebesen einrühren. Rettich und Pilze hinzugeben und 5 – 6 Min. ziehen lassen. Nicht mehr kochen lassen!

4 In Suppenschälchen füllen und kurz vor dem Servieren nach Belieben mit Schnittlauch dekorieren.

Tip! Schmeckt auch mit anderen Pilzen wie Steinpilzen, Pfifferlingen oder Butterpilzen gut. Wenn Sie keine Dosenpilze verwenden, müssen Sie die Pilze vorher entsprechend putzen.

Misosuppe

Misoshiru

Grundrezept · Geht schnell

Zutaten für 4 Portionen:
160 g japanischer Tofu
2 dünne Stangen Lauch
10 g frischer Ingwer (etwa 4 x 2 cm)
800 ml Dashi-Brühe II (S. 28)
80 g Miso (Sojabohnenpaste), möglichst weißes und rotes Miso zu gleichen Anteilen

Zubereitungszeit: 15 Min. (+ 30 Min. für die Dashi-Brühe)

Pro Portion: 270 kJ/64 kcal

1 Tofu kurz in kaltes Wasser tauchen und abtropfen lassen. Dann in etwa 2 cm große Würfel schneiden.

2 Lauch von welken grünen Blättern und den Wurzeln befreien, waschen und in feine Ringe schneiden. Ingwer schälen, auf einer feinen Reibe reiben und den Saft auffangen.

3 Dashi-Brühe im offenen Topf bei starker Hitze erwärmen, aber nicht kochen lassen. Miso durch ein Sieb drücken und unter ständigem Rühren mit dem Schneebesen zu der Suppe geben, so daß keine Klumpen entstehen. Nicht kochen. Tofu, zwei Drittel vom Lauch und den Ingwersaft dazugeben und etwa 1 Min. ziehen lassen. In kleine Schälchen füllen, mit restlichen Lauchringen garnieren und servieren.

Variante: Misosuppe mit Rindfleisch
200 g Entrecôte in etwa 2 mm dünne Scheiben, dann in etwa 3 cm breite Streifen schneiden. 50 g geschälte Schwarzwurzeln in etwa 2 cm feine Scheiben, dann in feine Stifte schneiden. 125 g Tofu in etwa 1 cm große Würfel und 50 g Lauch in etwa 5 mm feine Ringe schneiden. 800 ml Dashi-Brühe II (S. 28) zum Kochen bringen, Fleisch und Schwarzwurzeln dazugeben, kurz aufkochen lassen, dann Tofu und Lauch dazugeben und nochmal aufkochen. 80 g Miso durch ein Sieb geben und einrühren. Nur ganz kurz aufkochen, dann servieren.

Tip! Angebrochene Packungen Miso halten sich im Kühlschrank etwa 4 Wochen.

Miesmuscheln in Misosuppe

Zum Hauptgericht · Braucht Zeit

Asari no Misoshiru

Zutaten für 4 Portionen:
140 g Miesmuscheln mit Schale
Salz
1 dünne Stange Lauch
400 ml Dashi-Brühe II (S. 28)
60 g weißes Miso
(Sojabohnenpaste)

Zubereitungszeit: 30 Min.
(+ 12 Std. Einweichen + 30 Min. für die Dashi-Brühe)

Pro Portion: 300 kJ/71 kcal

1 Miesmuscheln etwa 12 Std., am besten über Nacht, in Salzwasser (wie Meerwasser) einlegen, damit der Sand herauskommt. Am nächsten Tag die Schalen gründlich waschen. Bereits geöffnete Exemplare wegwerfen, sie sind nicht genießbar.

2 Muscheln in einem Topf bei mittlerer Hitze in Wasser etwa 5 Min. kochen, bis sich die Schalen öffnen. Muscheln aus dem Wasser nehmen. Nicht geöffnete Exemplare wegwerfen, sie sind nicht genießbar. Muschelwasser durch ein Tuch gießen und 400 ml von dem Abgießwasser beiseite stellen.

3 Lauch von welken grünen Blättern und der Wurzel befreien, waschen und in feine Ringe schneiden. Dashi-Brühe und Muschelkochwasser in einem Topf offen zum Kochen bringen. Wenn es anfängt zu kochen, Miso einrühren, wie im Grundrezept Misosuppe beschrieben; wenn es erneut anfängt zu kochen, die Suppe vom Herd nehmen und in vier Suppenschalen füllen. Muscheln und Lauch dazugeben und servieren.

Miso ist aus der japanischen Küche nicht wegzudenken.

Miso

Miso ist eine fermentierte Sojabohnenpaste. Es gibt in Japan sehr viele verschiedene Misoarten: Jedes Gebiet hat sein spezielles Miso. Miso wird grundsätzlich in drei Hauptarten unterteilt: Mamemiso wird nur aus Sojabohnen fermentiert, Komenmiso aus Sojabohnen und Reis und Mugimiso aus Sojabohnen und Gerste. Etwa 80% werden aus Sojabohnen und Reis hergestellt. Geschmacklich und farblich gibt es zwei Unterscheidungsmerkmale: eine eher hellere, süßlichere Variante, Shiromiso (weißes Miso), und Akamiso (rotes Miso), eine dunklere, salzigere Sorte – beide haben jedoch eine braune Farbe. Die Bezeichnung »weiß« und »rot«, die Sie immer in den Zutatenlisten finden, ist nur die Übersetzung aus dem Japanischen. Miso findet sich sehr häufig in der japanischen Küche. Misosuppe ist z. B. Bestandteil des japanischen Frühstücks. Sie ist aber auch beim Mittag- oder Abendessen sehr beliebt. Die Sojabohnenpaste wird bei Dressings für Salate, Gemüsezubereitungen, Fisch und bei vielen weiteren Gerichten hergenommen. Miso hat einen hohen Salzgehalt, so ist ein zusätzliches Salzen der Speisen nicht mehr nötig. Miso sollte nicht mitgekocht werden, da es sich dann von der Flüssigkeit trennt. In Spezialitätenläden können Sie die Sojabohnenpaste abgepackt kaufen. Sie muß kühl aufbewahrt werden.

Lachs-Tofu-Suppe

Zum Hauptgericht · Braucht Zeit

Sake to Tofu no Shiru

Zutaten für 4 Portionen:
1 Scheibe Lachsfilet ohne Haut (etwa 200 g)
Salz
100 g Daikon (japanischer Rettich)
50 g Möhren
125 g japanischer Tofu
50 g frischer Blattspinat
800 ml Dashi-Brühe II (S. 28)
2 EL japanische Sojasauce

Zubereitungszeit: 45 Min. (+ 1 Std. Ruhen + 30 Min. für die Dashi-Brühe)

Pro Portion: 660 kJ/160 kcal

1 Lachsscheibe von beiden Seiten mit Salz bestreuen und etwa 1 Std. zugedeckt im Kühlschrank ruhen lassen. Rettich schälen, längs vierteln, dann in etwa 3 mm feine Scheiben schneiden.

2 Möhren schälen, halbieren und in etwa 3 mm feine Scheiben schneiden. Tofu kurz in kaltes Wasser tauchen und abtropfen lassen. Dann in 8 gleich große Stücke schneiden.

3 Spinat putzen und gründlich waschen. Wasser in einem Topf zum Kochen bringen und den Spinat etwa 1 Min. blanchieren (sprudelnd kochen). Mit einem Schaumlöffel herausnehmen und beiseite stellen.

4 Lachs abwaschen, trockentupfen und in etwa 4 cm große Würfel schneiden. Dashi-Brühe offen zum Kochen bringen. Rettich und Möhren bei mittlerer Hitze etwa 5 Min. darin gar kochen. Lachs hinzugeben und etwa 3 Min. in der heißen Suppe ziehen lassen.

5 Zum Schluß Tofu, Spinat und Sojasauce hinzugeben, nochmals aufkochen lassen und mit Reis servieren.

Tip! Wenn das Gericht einen kräftigeren Geschmack bekommen soll, können Sie die Suppe noch mal mit Sojasauce abschmecken.

Tofu-Suppe mit Huhn

Hauptgericht · Gelingt leicht

Kenchinjiru

Zutaten für 4 Portionen:
250 g japanischer Tofu
100 g ausgelöstes Hähnchenschenkelfleisch mit Haut
100 g Möhren
100 g Daikon (japanischer Rettich)
100 g Schwarzwurzeln
50 g Lauch
1 Stück Konbu (Seetang, etwa 10 x 10 cm)
1 EL Pflanzenöl
2 EL japanische Sojasauce

Zubereitungszeit: 45 Min.

Pro Portion: 450 kJ/110 kcal

1 Tofu kurz in kaltes Wasser tauchen, abtropfen lassen und in etwa 1 cm große Würfel schneiden. Hähnchenfleisch in etwa 2 cm große Würfel schneiden.

2 Möhren schälen, halbieren und in etwa 3 mm feine Scheiben schneiden.

3 Rettich schälen, vierteln und dann in etwa 3 mm feine Scheiben schneiden. Schwarzwurzeln schälen und in etwa 3 mm feine Scheiben schneiden.

4 Lauch waschen und in etwa 5 mm feine Ringe schneiden. In einem Topf 800 ml Wasser mit Konbu zum Kochen bringen. Konbu kurz vor dem Kochen entfernen. Das Wasser aufheben.

5 In einem Topf Öl erhitzen, Hähnchenfleisch und Gemüse darin bei starker Hitze etwa 3 Min. unter Rühren anbraten. Mit Konbuwasser aufgießen und etwa 10 Min. bei mittlerer Hitze köcheln lassen. Fettaugen mit einem Löffel abschöpfen.

6 Tofuwürfel dazugeben und etwa 2 Min. bei schwacher Hitze ziehen lassen. Zum Schluß mit Sojasauce würzen, in vier Suppenschalen füllen und servieren.

Getränk: Japanischer grüner Tee ist das klassische Getränk zu dieser Suppe.

Info: Kenchinjiru wird besonders gern mittags als Hauptgang mit Reis serviert.

Brühe mit Schweinebauch

Hauptgericht · Gelingt leicht

Tonjiru

Zutaten für 4 Portionen:
200 g Kartoffeln, festkochend
60 g Möhren, 150 g Zwiebeln
2 Knoblauchzehen
200 g roher Schweinebauch, in 2 mm feinen Scheiben
1 Stück frischer Ingwer (etwa 4 x 2 cm) · 1 EL Pflanzenöl
800 ml Dashi-Brühe II (S. 28)
100 g weißes Miso (Sojapaste)

Zubereitungszeit: 45 Min. (+ 30 Min. für die Dashi-Brühe)
Pro Portion: 1500 kJ/360 kcal

1 Kartoffeln und Möhren schälen. Möhren quer in etwa 3 cm lange Stücke schneiden. Diese jeweils längs halbieren und in etwa 1/2 cm breite Stäbchen schneiden. Kartoffeln längs halbieren, dann ebenfalls in Stäbchen schneiden.

2 Zwiebeln schälen und in feine Ringe schneiden. Knoblauch schälen und mit einem Messerrücken zerdrücken. Ingwer schälen und fein reiben.

3 In einem Topf Öl erhitzen. Den geriebenen Ingwer mit Knoblauch bei starker Hitze darin anschwitzen. Schweinebauch, Kartoffeln, Möhren und Zwiebeln zum Knoblauch dazugeben und kurz anbraten.

4 Mit Dashi-Brühe auffüllen und 20–30 Min. bei schwacher Hitze offen kochen lassen. Fett mit einem Löffel von der Oberfläche abschöpfen.

5 Miso durch ein Sieb geben und mit einem Schneebesen in die Suppe einrühren. Ganz kurz aufkochen lassen. In Suppenschalen füllen und servieren.

Udon-Nudelsuppe

Hauptgericht · Braucht etwas Zeit

Tanuki Udon

Zutaten für 4–6 Portionen:
1 Ei
100 g Weizenmehl
400 ml Pflanzenöl
100 g frischer Blattspinat
4 Stücke Surimi (gepreßtes Fischfleisch)
1 Stange junger Lauch
400 g Udonnudeln
1 l Dashi-Brühe II (S. 28)
160 ml japanische Sojasauce
2 EL Mirin (süßer Reiswein)
2 TL Zucker
Shichimi Togarashi (Gewürzmischung)

Zubereitungszeit: 1 Std. (+ 30 Min. für die Dashi-Brühe)
Bei 6 Portionen pro Portion: 3500 kJ/830 kcal

1 Ei mit 100 ml Wasser verschlagen und das Mehl vorsichtig mit dem Schneebesen unterrühren.

2 Öl in einem Topf erhitzen, bis an einem hineingehaltenen Holzstäbchen Bläschen hochsteigen. Die Ei-Mehl-Mischung durch ein grobes Sieb (die Löcher sollten 4–5 mm Durchmesser haben, z. B. ein Salatsieb nehmen) langsam als Tropfen ins Öl gleiten lassen. Portionsweise etwa 1 Min. goldbraun fritieren. Vorsicht Spritzgefahr! Mit einem Schaumlöffel herausfischen, abtropfen lassen und beiseite stellen.

3 Spinat putzen und gründlich waschen. In einem Topf Wasser zum Kochen bringen und den Spinat etwa 3 Min. blanchieren (sprudelnd kochen), abgießen und beiseite stellen. Surimi in der Mitte schräg durchschneiden. Lauch von welken grünen Blättern und der Wurzel befreien, waschen und in etwa 5 mm feine Ringe schneiden.

4 In einem Topf reichlich Wasser zum Kochen bringen, Udonnudeln darin etwa 10 Min. kochen, dann abgießen.

5 In einem Topf Dashi-Brühe zum Kochen bringen. Inzwischen Sojasauce, Mirin und Zucker in einem anderen Topf bei starker Hitze kurz aufkochen lassen, bis sich der Zucker aufgelöst hat. In die kochende Dashi-Brühe geben, einmal umrühren und vom Herd nehmen.

6 Nudeln auf vier große Suppenschalen verteilen. Darauf die fritierten Teigtropfen, Surimi, Lauch und Spinat verteilen. Mit Brühe auffüllen. Mit Shichimi Togarashi nach Belieben würzen.

Nudeln mit Tempura

Hauptgericht · Deftig

Tempura Soba

Zutaten für 4 Portionen:
160 ml Mirin (süßer Reiswein)
1,6 l Dashi-Brühe II (S. 28)
100 ml japanische Sojasauce
2 dünne Stangen Lauch
1 Blatt Nori (Seetang)
8 Garnelen, ungeschält und ohne Kopf (je etwa 25 g)
50 g Weizenmehl
100 ml eiskaltes Wasser (aus dem Kühlschrank)
1 Ei, gekühlt
700 ml Pflanzenöl zum Ausbacken
500 g Sobanudeln
Weizenmehl zum Bestäuben

Zubereitungszeit: 40 Min.
(+ 30 Min. für die Dashi-Brühe)

Pro Portion: 3600 kJ/860 kcal

1 Mirin in einen Topf geben und kurz kochen, damit der Alkohol verfliegt. Dashi-Brühe dazugeben und nochmals aufkochen lassen. Den Schaum abschöpfen und Sojasauce unterrühren. Die Suppe warm stellen.

2 Lauch von welken grünen Blättern und der Wurzel befreien, waschen, in etwa 5 mm feine Ringe schneiden. Seetang auf der elektrischen Herdplatte kurz rösten, in feine Streifen schneiden.

3 Garnelenschale von der Bauchseite her mit den Daumen aufbrechen. Garnelen aus der Schale lösen. Dann am Rücken entlang leicht einritzen und den dunklen Darm entfernen. Die Garnelen an der Bauchseite in Abständen von etwa 1 cm kurz einschneiden, so daß sie sich geradebiegen lassen.

4 Weizenmehl sieben. Das eiskalte Wasser mit Ei verrühren und Mehl langsam mit dem Schneebesen klumpenfrei unterrühren.

5 Öl in einem Topf erhitzen, bis an einem hineingehaltenen Holzstäbchen Bläschen hochsteigen. Öl in der Friteuse auf 180° erhitzen.

6 Garnelen leicht mit Mehl bestäuben, im Teig wenden und in etwa 1 Min. knusprig backen. Vorsicht Spritzgefahr! Mit einem Schaumlöffel herausnehmen, auf Küchenpapier abtropfen lassen und beiseite stellen.

7 Wasser zum Kochen bringen. Nudeln in kochendes Wasser geben, umrühren und etwa 5 Min. kochen, bis die Nudeln weich sind. Wenn sich Schaum gebildet hat, Wasser hinzufügen. Abgießen und abschrecken.

8 Nudeln auf vier Suppenschalen verteilen, mit Suppe aufgießen. Je 2 Garnelen obenauf legen und mit Lauch und Seetang bestreuen.

Variante: Ausgebackener Fisch und Gemüse

Wenn Sie nur Tempura zubereiten wollen, nehmen Sie 8 Garnelen, 30 g Weißfischfilet, 30 g Tintenfische, 1 kleine Aubergine und 4 frische Shiitake-Pilze. Weißfisch und Tintenfische in vier Stücke schneiden, Gemüse waschen und in dünne Scheiben schneiden. Alles panieren und, wie oben beschrieben, ausbacken. Die ausgebackenen Fische und das Gemüse werden separat mit einer Dipsauce serviert, die aus 16 EL Dashi-Brühe I und jeweils 4 EL Mirin und Sojasauce besteht. Dazu wird geriebener Rettich und Ingwer gereicht.

Info: Tempura heißt, daß Garnelen, Fische und Gemüse in einen dünnen Teig getaucht und in bestem, frischen Pflanzenöl ausgebacken werden. Der Teig und die Zutaten sollten möglichst kalt sein. Der Ursprung des Gerichts soll auf portugiesische Missionare zurückgehen, die im 16. Jh. nach Japan kamen.

TOFU & EI

Tofu, der aus Sojabohnenmilch hergestellt wird, ist eines der wichtigsten Nahrungsmittel in Japan. Er gehört dort zur täglichen Ernährung, weil er ungewöhnlich viel pflanzliches Eiweiß und Kalzium enthält und weil er gut schmeckt. In der japanischen Küche gibt es entsprechend viele eigenständige Tofugerichte. Tofu kann gebraten, gekocht und gegrillt werden. Im Sommer ißt man ihn oft kalt mit geriebenem Ingwer und Frühlingszwiebeln. Dabei wird er vor dem Essen in Sojasauce gedippt, dazu wird ein kalter Sake oder ein Bier getrunken. Im Winter wird er gern in Konbu-Wasser erhitzt und mit warmer Dashi-Sojasauce gereicht. Als Würfel findet man ihn häufig in der Suppe, und bei Sukiyaki, dem japanischen Rindfleischfondue, ist er ein Muß. Wir haben für dieses Kapitel ganz klassische Tofugerichte ausgesucht, bei denen natürlich Tofu die Hauptrolle spielt. Sie finden ihn aber selbstverständlich noch in anderen Rezepten dieses Buches. Anhand der Wertmarke können Sie erkennen, ob es sich um ein kleineres Gericht oder ein Hauptgericht handelt. Anders als in Europa werden in Japan Frühstückseier nicht gekocht. Wenn man ein Ei zum Frühstück essen möchte, wird es roh über den Reis gegeben und mit diesem verrührt. Als typische Eiergerichte sind besonders Eierstich und Omelettes beliebt. Ein Klassiker ist Chawanmushi, eine Art Eierstich, der wie Tofu je nach Jahreszeit kalt oder warm gegessen wird.

Gebackener Tofu

Vorspeise · Gelingt leicht

Tofu no Shagajoyu

Zutaten für 4 Portionen:
250 g japanischer Tofu
100 g Weizenmehl
2 EL Pflanzenöl
100 g Daikon (japanischer Rettich)
1 Stück frischer Ingwer (etwa 4 x 2 cm)
außerdem: japanische Sojasauce

Zubereitungszeit: 20 Min.

Pro Portion: 710 kJ/170 kcal

1 Tofu kurz in kaltes Wasser tauchen, abtropfen lassen und gründlich abtupfen. Dann vorsichtig in 8 gleich große Würfel schneiden.

2 Tofustücke in Mehl wenden und in heißem Öl in einer Pfanne von jeder Seite etwa 1 Min. bei mittlerer Hitze goldbraun backen.

3 Rettich und Ingwer schälen und jeweils separat fein reiben. Rettich auspressen und mit der Hand daraus vier gleich große Häufchen formen.

4 Jeweils 2 Stücke Tofu auf einem Teller anrichten. Daneben jeweils einen Rettichberg setzen und oben mit Ingwer verzieren. Ein Schälchen japanische Sojasauce dazustellen. Die Tofustücke werden vor dem Essen mit etwas Sojasauce übergossen.

Variante: Fritierter Tofu

250 g Tofu in 8 Würfel schneiden, in 100 g Kartoffelmehl (Stärkemehl) wenden und in 800 ml Öl fritieren. 160 ml Dashi-Brühe II (S. 28), 40 ml Sojasauce, 40 ml Mirin verrühren und kurz aufkochen lassen. Je 2 Tofustücke in eine Suppenschale geben, Sauce darüber gießen. Mit 80 g geriebenem Rettich, 1 EL geriebenem Ingwer und Lauchringen garnieren.

Info: Sie können Ingwer und Rettich mit der Sojasauce verrühren und Tofu vor dem Essen darin eintauchen.

Tofu wird frisch oder vakuumverpackt angeboten.

Tofu

Tofu wird aus Sojabohnenmilch hergestellt und ist eine wichtige Proteinquelle für die japanische Ernährung. Er ist ernährungsphysiologisch sehr wertvoll, da er wenig Kalorien hat und kaum Cholesterin enthält. In China vor über 2000 Jahren erfunden, kam der Tofu mit der buddhistischen Religion nach Japan. Zunächst wurde er nur von den Möchen im Tempel gegessen. Doch nach kurzer Zeit war er im ganzen Volk beliebt. Aus vielen Küchen Asiens ist er nicht wegzudenken. In Japan wird er von unzähligen Familienbetrieben täglich frisch hergestellt. Jeder Japaner hat sein spezielles Tofu-Geschäft, in dem er am liebsten einkauft. Da Tofu nur geringen Eigengeschmack hat, läßt er sich vielfältig kombinieren. Im Sommer wird er gern kalt, im Winter warm gegessen. Man kann ihn fritieren, kochen, panieren oder pürieren.

Tofu-Pfannkuchen

Hauptgericht · Gelingt leicht

Tofuiri Okonomiyaki

Zutaten für 4 Portionen:
4 Eier · 125 g Weizenmehl
60 g Garnelen, ohne Kopf, Schale und Darm · 60 g Tintenfische (Sepia)
60 g Octopus · 600 g japanischer Tofu
1 EL Pflanzenöl zum Braten
Für die Sauce:
50 g frische Shiitake-Pilze
2 EL japanische Sojasauce
2 EL Mirin (süßer Reiswein)
1 TL Kartoffelmehl (Stärkemehl)
außerdem:
1 EL getrocknete Bonitoflocken (Hana Katsuo) und
1 EL getrocknete Aonoriflocken (grüne, getrocknete Algenflocken, ersatzweise geschnittener Nori (Seetang) zum Garnieren

Zubereitungszeit: 50 Min.

Pro Portion: 1400 kJ/330 kcal

1 Eier in einer großen Schüssel verquirlen und Mehl langsam einrühren, so daß sich keine Klumpen bilden.

2 Garnelen, Tintenfische und Octopus waschen, trockentupfen und in etwa 1 cm große Würfel schneiden, dann zur Eimischung geben.

3 Tofu kurz in kaltes Wasser tauchen, abtropfen lassen und ebenfalls dazugeben. Mit einem Gummischaber Tofu gründlich unter die Masse heben.

4 Shiitake-Pilze mit einem trockenen Tuch abwischen, Stiele entfernen und die Pilze in etwa 2 mm feine Streifen schneiden.

5 Sojasauce, 120 ml Wasser und Mirin in einem Topf aufkochen und die Shiitake-Pilze dazugeben. Etwa 10 Min. ziehen lassen. Kartoffelmehl mit 1EL Wasser verrühren, unter Rühren in die Sauce geben und so lange rühren, bis die Sauce eindickt.

6 In einer Pfanne von etwa 16 cm Ø Öl erhitzen und aus dem Teig nacheinander 4 Pfannkuchen von jeder Seite bei mittlerer Hitze etwa 2 Min. backen. Fertige Pfannkuchen im Ofen auf Tellern warm halten. Dann auf vier tiefe Teller verteilen, mit Sauce begießen und mit Bonitoflocken und Aonoriflocken garnieren.

Getränk: Zu diesem Gericht paßt Sake am besten. Sie können ihn kalt oder warm servieren

Eierstich

Chawanmushi

Vorspeise · Gut vorzubereiten

Zutaten für 4 Portionen:
60 g Hähnchenbrustfilets ohne Haut
4 Riesengarnelen, ungeschält, ohne Kopf (je etwa 40 g)
4 frische Shiitake-Pilze
Salz
2 EL Sake (japanischer Reiswein)
4 Gingkonüsse (aus der Dose)
2 Eier
400 ml gekühlte Dashi-Brühe II (S. 28)
2 TL japanische Sojasauce
2 TL Mirin (süßer Reiswein)
außerdem:
Mitsuba oder Daikon-Kresse zum Garnieren

Zubereitungszeit: 35 Min. (+ 30 Min. für die Dashi-Brühe)

Pro Portion: 690 kJ/160 kcal

1 Hähnchenfleisch vierteln. Garnelen aus den Schalen lösen, am Rücken leicht einritzen und den dunklen Darm entfernen (siehe Step 3, S. 44). Pilze mit einem trockenen Tuch abwischen und die Stiele entfernen.

2 Hähnchenfleisch, Garnelen und Shiitake-Pilze salzen und mit Sake beträufeln. Gingkonüsse abgießen.

3 Eier verschlagen, aber nicht schaumig rühren. Dashi-Brühe, Sojasauce und Mirin dazugeben. Die Masse durch ein Sieb geben.

4 In nicht zu flache, feuerfeste Schalen oder Tassen Hähnchenfleisch, Garnelen, Nüsse und Shiitake verteilen und mit Eisauce aufgießen. In einen großen Topf etwa 2 cm Wasser füllen. Schalen mit Deckel bzw. Tassen mit Klarsichtfolie abdecken und hineinstellen.

5 Wasser erhitzen, bis es zu sieden beginnt. Tassen darin 15–20 Min. mit geschlossenem Deckel bei schwacher Hitze dämpfen lassen. Um sicherzugehen, daß das Kondenswasser nicht auf den Eierstich tropft, ein sauberes Tuch um den Deckel wickeln. Das Wasser darf auf keinen Fall kochen, da sich sonst Löcher in der Eimasse bilden können.

6 Vor dem Servieren mit Mitsuba oder Daikon-Kresse garnieren.

Tip! Zu diesem Gericht müssen Sie unbedingt einen Löffel eindecken, denn auch ein Japaner kann den Eierstich nicht mit Stäbchen essen.

Geschichtete Eierrolle

Hauptgericht · Etwas schwieriger

Dashimakitamago

Zutaten für 4 Portionen:
1 rote Peperoni
100 ml Su (Reisessig)
90 ml Mirin (süßer Reiswein)
150 g Daikon (japanischer Rettich)
Salz
200 ml Dashi-Brühe I (S. 28)
1 TL japanische Sojasauce
8 Eier
2–3 EL Pflanzenöl zum Braten
außerdem:
1 Bambusmatte (Makisu) zum Aufrollen
japanische Sojasauce zum Dippen

Zubereitungszeit: 50 Min. *(+ 1 Std. Marinieren + 15 Min. für die Dashi-Brühe)*

Pro Portion: 1800 kJ/430 kcal

1 Peperoni von Stiel und Kernen befreien, waschen und in feine Ringe schneiden. Essig, 30 ml Mirin und 100 ml Wasser aufkochen, dann abkühlen lassen.

2 Rettich schälen und in sehr feine Scheiben schneiden. Scheiben salzen und mit der Hand fest durchkneten (siehe Info). Dann das Salz gründlich abspülen und den Rettich gut auspressen. Rettich in der Essig-Mirin-Mischung etwa 1 Std. offen bei Zimmertemperatur marinieren.

3 Kalte Dashi-Brühe, 60 ml Mirin und Sojasauce vermischen. Eier in eine Schüssel geben und verrühren, dann die Brühe vorsichtig unterrühren.

4 In einer großen Pfanne (wenn vorhanden, eine rechteckige Pfanne nehmen) Öl erhitzen und 1 Suppenkelle voll Eimasse darin dünn verteilen und bei konstanter mittlerer Hitze etwa 15 Sek. backen. Bilden sich Bläschen, diese plattdrücken.

5 Wenn der Teig zu etwa 70% durchgebacken ist, d.h., die obere Schicht ist noch nicht ganz fest und an den Rändern bilden sich Blasen, wird das Omelette von hinten nach vorne aufgerollt. Auf die freie Fläche wiederum Öl geben, erhitzen und wiederum Teig auftragen, dabei die fertige Rolle etwas anheben, damit der Teig auch darunterfließen kann.

6 Wiederum backen und dann um die fertige Rolle drehen. Aus dem Restteig weitere 8 Teigschichten herstellen und aufrollen.

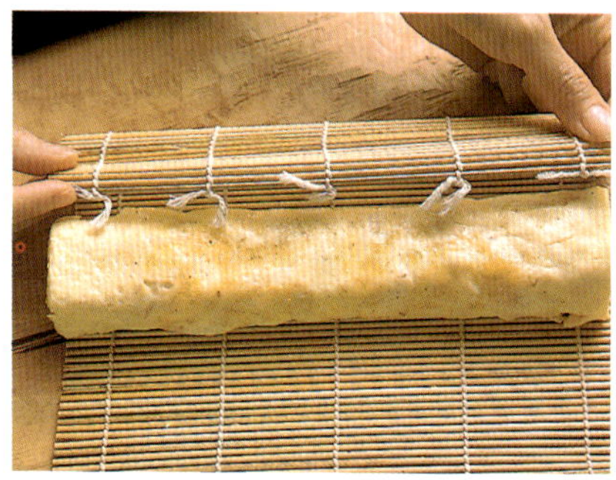

7 Fertige Rolle nochmals mit einer Makisu (Bambusmatte, mit der Sushis gerollt werden) oder einem Küchentuch rollen, damit die Rolle eine gute Form erhält. Etwa 10 Min. stehenlassen, dann Matte bzw. Tuch entfernen.

8 Eirolle in etwa 2 cm breite Streifen schneiden und servieren. Den Rettich mit Peperoni bestreuen und dazu servieren. Sojasauce zum Dippen reichen.

Info: Das Weichkneten von Gemüse ist in Japan eine weitverbreitete Technik, um Gemüse (z.B. Rettich, Auberginen, Möhren und Kohl) weich zu bekommen. Es erspart dann das Kochen.

Ei-Sushi mit Garnelen

Hauptgericht · Etwas schwieriger

Ebi Kimizushi

Zutaten für 4 Portionen, für 8 Stücke:
8 Riesengarnelen, ungeschält, ohne Kopf und Darm (je etwa 40 g)
Salz · 2 Eier
6 Eigelb
3 TL Zucker
8 TL Su (Reisessig)
außerdem:
8 Grillspieße
japanische Sojasauce zum Dippen
nach Belieben: etwas Daikonkresse zum Garnieren

Zubereitungszeit: 30 Min.

Pro Stück: 1100 kJ/260 kcal

1 Garnelen an der Bauchseite alle 2 cm leicht einschneiden, der Länge nach auf je einen Grillspieß aufspießen, so daß sie gerade sind.

2 Garnelen etwa 5 Min. in Salzwasser bei mittlerer Hitze zugedeckt kochen, abkühlen lassen, von den Spießen ziehen und die Schale entfernen.

3 In einem Wasserbad Eier, Eigelb, Zucker und eine Prise Salz unter Rühren erhitzen. Wenn die Masse fest wird, Essig dazugeben. Weiterrühren, bis die Masse wieder fest wird, und vom Herd nehmen. Das Ganze durch ein Sieb passieren.

4 Die Handflächen befeuchten und aus der Masse 8 längliche Portionen – wie Kroketten bzw. den Reis von Sushis – formen. Obenauf je 1 Garnele setzen. Nach Belieben etwas Kresse zur Dekoration neben die Ei-Sushi legen. Dazu Sojasauce zum Dippen servieren.

Tip! Beim Dippen müssen Sie darauf achten, daß nur die Seite mit dem Fisch kurz eingetaucht wird, denn das Ei würde sehr schnell zerfallen, wenn man es mit der anderen Seite eintunkt.
Das Ei-Sushi schmeckt auch sehr edel, wenn man es mit Lachs statt mit Garnelen belegt.

Eierrolle

Vorspeise · Gelingt leicht

Datemakitamago

Zutaten für 4 Portionen:
150 g Riesengarnelen, ungeschält, ohne Kopf
1½ TL Salz
8 Eier
1½ gestrichene EL Zucker
150 ml Sake (japanischer Reiswein)
1 EL Pflanzenöl
außerdem:
1 Bambusrolle (Makisu) zum Aufrollen
japanische Sojasauce zum Dippen

Zubereitungszeit: 1 Std.

Pro Portion: 1800 kJ/430 kcal

1 Garnelen von der Schale befreien, am Rücken längs leicht einritzen und den dunklen Darm entfernen (siehe Step 3, S. 44). Garnelen trockentupfen und fein hacken. Im Mörser mit Salz zu einer Paste verarbeiten.

2 Eigelb und Eiweiß trennen. Eiweiß langsam eines nach dem anderen mit der Fischpaste verrühren. Zucker und Sake dazugeben, verrühren und zum Schluß das Eigelb unterrühren.

3 In einer viereckigen Pfanne Öl erwärmen, Eimasse hineingeben und bei schwacher Hitze 15–20 Min. braten. Wird der Rand goldgelb, das Omelette wenden und von der anderen Seite goldgelb backen. Luftblasen mit der Gabel aufstechen.

4 Hitze abstellen, einen Deckel zur Beschwerung direkt auf die Eimasse legen. Etwa 10 Min. ruhen lassen, damit nicht wieder Luftblasen entstehen.

5 Die Eimasse mit einer Makisu (Bambusmatte, mit der Sushis gerollt werden) oder einem sauberen Küchentuch wie eine Biskuitrolle aufrollen. Kurz ruhen lassen, dann Matte bzw. Tuch vorsichtig wegnehmen. Die Eierrolle mit einem scharfen Messer in etwa 2 cm breite Stücke schneiden. Als Dip Sojasauce dazu reichen.

Tip! Wenn Sie eine Platte mit verschiedenen Sushis vorbereiten (S. 110 u. 114), paßt auch die Eierrolle sehr gut dazu.

Zweischicht-Ei

Vorspeise · Etwas schwieriger

Nishokutamago

Zutaten für vier Portionen, für 8 Stücke, für eine feuerfeste Form von etwa 22 x 22 cm oder eine Terrinenform von etwa 26 cm Länge:
12 Eier
Essig
Salz
80 g Zucker
1 TL Salz
8 Schnittlauchhalme
außerdem:
japanische Sojasauce zum Dippen

Zubereitungszeit: 55 Min.

Pro Stück: 2400 kJ/570 kcal

1 Eier in einem Topf in Essig-Salzwasser hart kochen, mit kaltem Wasser abschrecken und abkühlen lassen.

2 Eier pellen und Eiweiß und Eigelb vorsichtig trennen. Getrennt durch ein Sieb pressen. Jeweils mit 40 g Zucker und 1/2 TL Salz verrühren.

3 In einer quadratischen Form Eiweiß gleichmäßig zu einer Schicht verteilen und leicht anpressen. Eigelb als zweite Lage darüber verteilen, glattstreichen und leicht andrücken.

4 Einen großen Topf etwa zu 1/3 mit Wasser füllen und dieses bei starker Hitze zum Kochen bringen. Die Form in das Wasserbad stellen, Deckel schließen und 4–5 Min. bei mittlerer Hitze im Wasserbad garen. Damit kein Kondenswasser auf die Eiermasse tropft, ein sauberes Tuch um den Deckel wickeln.

5 Die Masse abkühlen lassen und dann in 8 gleich große Stücke schneiden. Jeweils zwei Stücke aus der Form auf einen Teller geben. Die Eigelbseite soll oben sein. Mit zwei Schnittlauchhalmen dekorieren. Dazu als Dip japanische Sojasauce reichen.

Getränk: Zu diesem Gericht paßt Sake besonders gut.

Variante: Zweischicht-Ei wie oben zubereiten. Zusätzlich 2 Stücke Surimi (gepreßtes Fischfleisch) in kleine Stücke rupfen und auf die abgekühlte Eimasse leicht andrücken. Einen Topfdeckel darauf legen und so beschweren. Das Ganze etwa 1 Std. pressen, dann servieren.

Info: In Japan wird für die Zubereitung eine Spezialform aus Aluminium, Nagashikan genannt, in der Größe 22 x 22 cm verwendet. Die Form sollte etwa 4 cm hoch sein. Wichtig ist dabei der Aluminiumeinsatz, mit dem das Ei herausgehoben werden kann.

濃州正宗作

SALAT & GEMÜSE

Ob gekocht, gedämpft oder eingelegt, die Zubereitung von Gemüse ist in Japan sehr vielfältig. Am besten schmeckt es natürlich, wenn Sie es in der für das Gemüse typischen Jahreszeit zubereiten. Viele Gemüsesorten, die in Japan gegessen werden, sind auch in Europa bekannt, sie unterscheiden sich jedoch oft in der Größe. Es ist deshalb besser, wenn Sie das Gemüse auch in einem asiatischen Geschäft einkaufen. Japaner planen nicht unbedingt im voraus, welches Gemüsegericht zubereitet werden soll, sondern sie gehen auf den Markt und lassen sich dort vom Angebot inspirieren, wobei die Frische immer im Vordergrund steht.
Gewürzt wird fast ausschließlich mit Sojasauce, Mirin, Dashi-Brühe und Sake, so daß der Eigengeschmack des Gemüses erhalten bleibt. Die Gerichte werden immer sehr schonend und bißfest gegart. Eine frische Note verleiht Ingwer.

Salat und Gemüse können in kleinen Portionen vorweg, zum oder als Hauptgericht gereicht werden, entsprechend sind die Mengen in den folgenden Kapiteln berechnet. Ob es sich um eine Vorspeise, ein Zwischengericht oder ein Hauptgericht handelt, sehen Sie an der Wertmarke.

Gurke und Birne mit Sesam

Vorspeise · Etwas schwieriger

Yonashi to Kyuri no Gomaae

Zutaten für 4 Portionen:
2 EL weißer Sesam (ersatzweise gerösteter Sesam)
1 EL japanische Sojasauce
1/2 EL Zucker
1 Birne
Salz
1/2 Salatgurke

Zubereitungszeit: 30 Min.

Pro Portion: 250 kJ/60 kcal

1 Eine beschichtete Pfanne ohne Öl stark erhitzen und dann bei mittlerer Hitze den Sesam etwa 3 Min. darin rösten. Die Pfanne währenddessen auf der Herdplatte hin- und herrütteln, damit der Sesam nicht verbrennt.

2 Sesam in einem Mörser oder einer speziellen japanischen Mahlschüssel, Suribachi genannt, bis zu etwa 80% zerkleinern. Sojasauce und Zucker hinzufügen.

3 Birne schälen, der Länge nach halbieren und entkernen. Der Länge nach achteln, dann längs in etwa 3 mm feine Scheiben schneiden, die Ränder leicht abrunden und etwa 3 Min. in kaltes Salzwasser legen.

4 Gurke gründlich waschen, längs halbieren, mit einem Teelöffel die Kerne herausschaben. Gurke quer in etwa 3 mm feine Scheiben schneiden. In eine Schüssel geben, salzen und nach etwa 10 Min. das Wasser auspressen.

5 Birnen aus dem Wasser nehmen und trockentupfen, dann zur Gurke geben, mit der Sesamsauce vermischen und portionsweise servieren.

Variante: Das Sesamdressing schmeckt auch sehr gut zu grünen Bohnen. 200 g frische grüne Bohnen putzen und waschen, in Salzwasser etwa 5 Min. kochen, abgießen und kalt abschrecken. Bohnen in etwa 3 cm große Stücke schneiden. Sesamdressing wie bei Punkt 2 beschrieben zubereiten, nach Beleiben mit 1 TL Dashi-Brühe I (S. 28) verfeinern, mit den Bohnen mischen und servieren.

Info: Wenn Sie den Sesam auf die oben beschriebene Weise selbst rösten, erhält das Gericht einen intensiveren Sesamduft, als wenn Sie fertig gerösteten nehmen.

Gefüllte Shiitake-Pilze

Vorspeise · Etwas schwieriger

Ebi to Shiitake no Futamiage

Zutaten für 4 Portionen:
150 g Riesengarnelen, geschält, ohne Darm und Kopf
40 g Mayonnaise
8 frische Shiitake-Pilze (etwa 4 cm ø)
4 Stangen grüner Spargel
80 g Weizenmehl
100 ml eiskaltes Wasser (aus dem Kühlschrank)
1 Eigelb
Mehl zum Bestäuben und Wenden
1 l Pflanzenöl zum Fritieren
außerdem:
japanische Sojasauce zum Dippen

Zubereitungszeit: 45 Min. (+ 1 Std. Kühlen)

Pro Portion: 2200 kJ/520 kcal

1 Garnelen kleinschneiden und im Mörser zerstampfen. Mit Mayonnaise verrühren und dann etwa 1 Std. zugedeckt in den Kühlschrank stellen.

2 Von den Shiitake-Pilzen mit einem trockenen Tuch vorsichtig den Staub abwischen, dann Stiele entfernen. Spargel schälen, säubern und in etwa 4 cm große Stücke schneiden.

3 Weizenmehl sieben. Das eiskalte Wasser und Eigelb verrühren und dann Mehl leicht unterheben. Es darf ruhig noch etwas Mehl zu sehen sein.

4 Shiitake-Hüte an der Unterseite mit Mehl bestäuben, überflüssiges Mehl abklopfen. Dann die Pilze mit der Garnelenmasse füllen. (Die Füllung sollte gehäuft sein.)

5 Die Pilz-Garnelen in Mehl wenden, überflüssiges Mehl abklopfen. Spargel ebenfalls in Mehl wenden, dann beides in die Eimasse tauchen.

6 Öl in einem Topf erhitzen, bis an einem hineingehaltenen Holzstäbchen Bläschen hochsteigen. Öl in der Friteuse auf 180° erhitzen. Pilz-Garnelen und Spargel etwa 2 Min. fritieren. Vorsicht Spritzgefahr!

7 Pro Portion 2 Shiitake-Pilze und 2 Spargelstücke servieren. Sojasauce zum Dippen in einem separaten Schälchen reichen.

Tip! Wenn Sie das Fritieröl nach dem Gebrauch lauwarm oder kalt durch ein mit Küchenpapier ausgelegtes Sieb gießen, können Sie das Öl etwa 3- bis 4mal für das Fritieren von Gemüse verwenden.

Gemüsetopf

Hauptgericht · Braucht etwas Zeit

Gomokuni

Zutaten für 4 Portionen:
80 g getrocknete Sojabohnen (aus dem Reformhaus)
8 Stücke getrocknete Lotuswurzel (je etwa 1 cm)
8 getrocknete Shiitake-Pilze
1 EL Su (Reisessig)
2 mittelgroße Kartoffeln, festkochend · Salz
1 mittelgroße Möhre
300 g Bambussprossen aus der Dose · 100 g Zuckerschoten
200 ml Dashi-Brühe II (S. 28)
2 gehäufte EL Zucker
1 EL Mirin (süßer Reiswein)
2 EL japanische Sojasauce

Zubereitungszeit: 1 Std.
(+ 12 Std. Einweichen + 30 Min. für die Dashi-Brühe)

Pro Portion: 980 kJ/230 kcal

1 Bohnen in 1 l Wasser etwa 12 Std. einweichen. Dann Bohnen, die an der Oberfläche schwimmen, entfernen, abgießen. In einem Topf Wasser zum Kochen bringen, Sojabohnen dazugeben, offen etwa 1 Std. bei mittlerer Hitze weich kochen.

2 Lotuswurzel und Shiitake-Pilze ebenfalls etwa 12 Std. in Wasser einweichen, das Wasser zwischendurch erneuern. Beides abgießen. Pilze vierteln, dabei Stiele entfernen. Lotuswurzeln in Essigwasser etwa 8 Min. bei mittlerer Hitze offen kochen. Abgießen und beiseite stellen.

3 Kartoffeln waschen, schälen, in walnußgroße Stücke schneiden. Möhre schälen, in etwa 2 cm große Würfel schneiden, beides 8–10 Min. in Wasser im offenen Topf bei mittlerer Hitze kochen. Abgießen, beiseite stellen.

4 Bambussprossen abgießen, in walnußgroße Stücke schneiden und etwa 15 Min. kochen. Zuckerschoten putzen, in etwa 2 cm lange Stücke schneiden und etwa 1 Min. in Salzwasser (damit sie grün bleiben) kochen. Abgießen und beiseite stellen.

5 Alle vorbereiteten Zutaten bis auf die Zuckerschoten zusammen mit Dashi-Brühe, Zucker und Mirin in einen großen Topf geben. Mit einem kleineren Topfdeckel beschweren, damit das Gemüse gleichmäßig gart, und etwa 15 Min. bei schwacher Hitze köcheln.

6 Sojasauce dazugeben und wiederum etwa 15 Min. köcheln. Vom Herd nehmen, die Zuckerschoten untermischen und noch etwa 1 Min. ziehen lassen. Kalt oder warm servieren.

Spinat mit Sesamsauce

Vorspeise · Gelingt leicht

Horenso no Gomayogoshi

Zutaten für 4 Portionen:
300 g frischer Blattspinat · Salz
1 EL weiße Sesampaste
(ersatzweise Erdnußpaste)
2 TL weißer Miso (Sojabohnenpaste)
4 TL japanische Sojasauce
4 TL Zucker
2 TL Mirin (süßer Reiswein)

Zubereitungszeit: 30 Min.

Pro Portion: 330 kJ/79 kcal

1 Spinat von welken Blättern und Wurzelstückchen befreien, gründlich waschen. Salzwasser in einem Topf zum Kochen bringen, den Spinat 1–2 Min. blanchieren (sprudelnd kochen).

2 Den Spinat mit einem Schaumlöffel aus dem Wasser holen, in einem Sieb kurz abtropfen lassen. Dann kurz in eiskaltes Wasser legen, damit er abkühlt. Wenn der Spinat abgekühlt ist, nochmals in einem Sieb abtropfen lassen.

3 Sesampaste, Miso, Sojasauce, Zucker und Mirin in eine Schüssel geben und verrühren. Spinat dazugeben und vermischen. In kleinen Schalen servieren.

Variante: Spinatsalat
300 g frischen Blattspinat putzen, gründlich waschen und etwa 2 Min. blanchieren (sprudelnd kochen). Abgießen, gut abtropfen lassen und dann in etwa 4 cm große Stücke schneiden. Aus 1 1/2 EL Sojasauce und 3 EL Dashi-Brühe I (S. 28) ein Dressing mischen. Ein Drittel des Dressings unter den Salat heben. Spinat auf 4 Schälchen verteilen und das restliche Dressing darüber gießen. Mit Bonitoflocken (Hana-Katsuo, etwa 1 EL pro Portion) garnieren.

Tip! Sie sollten keinen tiefgekühlten Spinat für dieses Rezept verwenden. Große Spinatblätter schneiden Sie am besten einmal durch.

Rindfleisch mit Ponzusauce

Vorspeise · Braucht etwas Zeit

Gyushabu Salad

Zutaten für 4 Portionen:
Für die Ponzusauce:
200 ml Yuzusaft (ersatzweise Zitronensaft)
150 ml Su (Reisessig)
200 ml japanische Sojasauce
50 ml Mirin (süßer Reiswein)
1 gehäufter EL getrocknete Bonitoflocken (Hana-Katsuo)
1 kleines Stück Konbu (Seetang, etwa 5 x 5 cm)
Für die weitere Zubereitung:
200 g Entrecôte, vom Metzger in etwa 2 mm dünne Scheiben schneiden lassen
300 g Chinakohl (ersatzweise 1 kleiner Kopf Eisbergsalat)
100 g Lauch
400 g Daikon (japanischer Rettich)
100 g Möhren
1 getrocknete rote Peperoni
nach Belieben:
etwas kleingehackten Schnittlauch zum Garnieren

Zubereitungszeit: 45 Min. (+ 2 Tage Einlegen)

Pro Portion: 800 kJ/190 kcal

1 Für die Ponzusauce Yuzusaft, Su, Sojasauce, Mirin, Bonitoflocken und Konbu in ein Gefäß geben, mischen und zugedeckt im Kühlschrank mindestens 2 Tage ziehen lassen. Dann die Sauce durch ein Tuch oder eine Filtertüte filtern.

2 In einem Topf Wasser zum Kochen bringen und das Rindfleisch etwa 3 Min. blanchieren (sprudelnd kochen). Dann in eine Schüssel mit eiskaltem Wasser gießen, darin kurz abkühlen. Herausnehmen und auf einem Sieb abtropfen lassen.

3 Chinakohl putzen, waschen und in Stücke schneiden. Lauch von welken grünen Blättern und der Wurzel befreien und waschen. Dann mit einem Gurkenhobel in feine Scheiben reiben.

4 Rettich und Möhren schälen. Etwa 5 cm des Rettichs beiseite legen. Den Rest des Rettichs und die Möhren zunächst längs in hauchdünne Scheiben schneiden. (Das geht mit dem Spargelschäler sehr gut.) Diese Scheiben wiederum in hauchdünne lange Streifen schneiden.

5 In die Mitte des beiseite gelegten Rettichs mit der Spitze eines Messers ein Loch stechen, Peperoni hineinstekken und auf einer feinen Reibe reiben. Die Masse soll rosafarbig und nur ein wenig scharf sein, deshalb die Peperoni eventuell rechtzeitig entfernen.

6 Chinakohl, Lauch, Möhren und Rettichstreifen auf vier Tellern verteilen. Fleisch und geriebenen Rettich auf die Teller legen. Nach Belieben etwas Schnittlauch auf das Fleisch streuen. Die Ponzusauce dazu servieren.

Getränk: Ein kalter Sake ist genau das Richtige für dieses erfrischende Gericht.

Schwarzwurzel-Gemüse

Vorspeise · Etwas schwieriger

Kinpiragobo

Zutaten für 4 Portionen:
250 g Schwarzwurzeln
80 g Möhren
1 EL Su (Reisessig)
3 EL Pflanzenöl
3 EL Zucker
3 EL japanische Sojasauce
1 EL weißer Sesam
(ersatzweise gerösteter Sesam)
Shichimi Togarashi
(Gewürzmischung)

Zubereitungszeit: 50 Min.

Pro Portion: 530 kJ/130 kcal

1 Schwarzwurzeln und Möhren schälen, dann längs in feine Scheiben schneiden. Diese in etwa 3 cm große Stücke teilen und die Stücke wiederum in feine Streifen schneiden. Essig mit 1 l Wasser verrühren und Schwarzwurzeln darin etwa 10 Min. einlegen.

2 Schwarzwurzeln abtropfen lassen. In einem Topf Öl erhitzen und die Schwarzwurzeln und Möhren darin etwa 5 Min. bei mittlerer Hitze anbraten. Dann Zucker und Sojasauce hinzufügen und so lange offen kochen, bis nach etwa 5 Min. die Flüssigkeit verdampft ist.

3 In der Zwischenzeit Sesam in einer Pfanne ohne Öl bei mittlerer Hitze etwa 3 Min. rösten. Dabei die Pfanne auf der Herdplatte hin- und herrütteln, damit der Sesam nicht anbrennt.

4 Sesam zum Gemüse geben, mit Shichimi Togarashi würzen und das Gericht servieren.

Variante: Mariniertes Möhren-Rettich-Gemüse
320 g Daikon (japanischen Rettich) schälen, quer in etwa 5 cm lange Stücke schneiden, diese erst längs in feine Scheiben, dann in ganz feine Streifen schneiden. 40 g Möhren schälen, wie mit Daikon verfahren. Beides getrennt mit Salz bestreuen und etwa 10 Min. ruhen lassen, bis das Gemüse weich ist. Salz gründlich abspülen und Wasser mit der Hand ausdrücken. Aus 1 EL Su (Reisessig), 1/2 TL Zucker und 1 TL Dashi-Brühe I (S. 28) eine Marinade mixen und das Gemüse darin mindestens 12 Std. marinieren.

Info: Shichimi Togarashi ist eine auf Chilibasis aufbauende Pfeffergewürzmischung.

Gekochter Rettich

Beilage · Braucht etwas Zeit

Furofuki Daikon

Zutaten für 4 Portionen:
½ Daikon (japanischer Rettich, etwa 300 g)
1 Stück Konbu (Seetang, etwa 10 x 15 cm)
4 TL Mirin (süßer Reiswein)
120 g weißes Miso (Sojabohnenpaste)
50 g Zucker
2 EL Dashi-Brühe I (S. 28)
1 Eigelb

Zubereitungszeit: 30 Min. (+ 30 Min. Garen + 15 Min. für die Dashi-Brühe)

Pro Portion: 640 kJ/150 kcal

1 Rettich großzügig schälen und in etwa 3 cm breite Scheiben schneiden. Die Kanten mit einem Messer abrunden. Rettich etwa 10 Min. bei mittlerer Hitze in Wasser kochen, damit der bittere Geschmack entweicht. Dann abgießen und beiseite stellen.

2 Inzwischen Konbu mit einem feuchten Tuch abwischen, dann etwa 20 Min. in einem Topf mit etwa 1½ l Wasser einweichen.

3 Rettich zum Konbu geben und im Einweichwasser zum Kochen bringen. Konbu entfernen. Danach Rettich bei schwacher Hitze offen in etwa 30 Min. weich kochen.

4 Nach etwa 25 Min. Mirin, Miso, Zucker und Dashi-Brühe in einen Topf geben und bei schwacher Hitze erwärmen. Eigelb einrühren und bei schwacher Hitze etwa 5 Min. unter ständigem Rühren köcheln lassen.

5 Rettichstücke abgießen und portionsweise mit der Sauce servieren.

Getränk: Dazu paßt Sake.

Info: Gekochter Rettich wird warm zum Hauptgericht serviert.

Tip! Sie können auch andere milde Gemüsesorten wie Kohlrabi oder weiße Rüben zubereiten.

Aubergine mit Hühnersauce

Vorspeise · Geht schnell

Nasu Torisoboro

Zutaten für 4 Portionen:
1 Aubergine
7 EL Pflanzenöl
50 g Lauch
3 EL Kartoffelmehl (Stärkemehl)
100 g Hühnchenfleisch ohne Knochen
200 ml Dashi-Brühe II (S. 28)
4 TL Mirin (süßer Reiswein)
2 TL japanische Sojasauce

Zubereitungszeit: 30 Min.
(+ 30 Min. für die Dashi-Brühe)

Pro Portion: 1400 kJ/330 kcal

1 Aubergine sorgfältig waschen, vom Stielansatz befreien und längs halbieren. Mit einem Messer oder einem Schälmesser ein Muster als Zierde in die Schale ritzen.

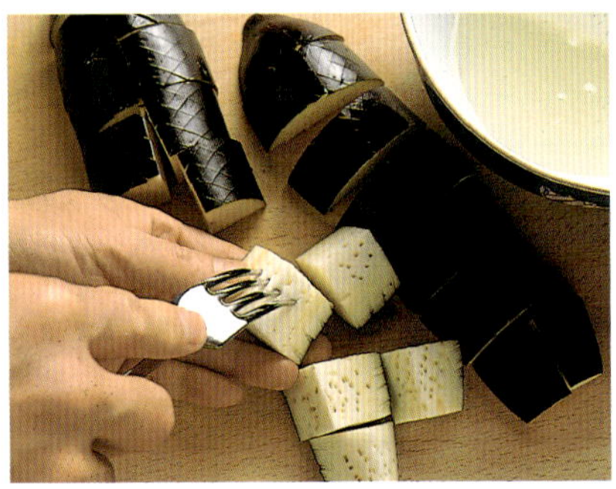

2 Backofen auf 230° (Gas Stufe 4) vorheizen. Auberginenhälften wieder längs halbieren. Aubergine in etwa 2 cm große Würfel schneiden. Die Würfel mit einer Gabel mehrmals einstechen und etwa 1 Min. in einer Schüssel in 6 EL Öl einlegen.

3 Aubergine in einer Pfanne bei mittlerer Hitze ohne zusätzliches Fett etwa 5 Min. braun braten. Dann in einer feuerfesten Form etwa 5 Min. im Backofen (Mitte) weich garen.

4 Lauch von welken grünen Blättern und der Wurzel befreien, waschen und in feine Ringe schneiden. Dann beiseite stellen. Dann Kartoffelmehl mit dem Schneebesen in 500 ml Wasser einrühren.

5 Hähnchenfleisch durch den Fleischwolf drehen. Dann in einem Topf in 1 EL Öl bei starker Hitze etwa 2 Min. unter ständigem Rühren anbraten. Dashi-Brühe dazugeben und einmal offen aufkochen lassen. Fettaugen mit einem Löffel abschöpfen. Die Brühe mit Mirin und Sojasauce würzen. Das angerührte Kartoffelmehl mit einem Schneebesen einrühren und nochmals aufkochen lassen.

6 Sauce auf 4 Tellern verteilen. Auberginen-Stücke mit der Haut nach oben darauf legen (damit man das Muster sieht). Mit Lauch garniert servieren.

Tip! Sie können die Auberginen sowohl als kleinen Appetithappen vorweg als auch zum Hauptgericht anbieten. Vielleicht bereiten Sie gleich die doppelte Menge zu und servieren die Auberginen abends warm und am nächsten Tag zum Mittagessen, wenn es etwas schneller gehen muß, kalt. Die Hühnersauce schmeckt auch sehr gut zu gekochtem Gemüse, z. B. Rettich.

REIS

Eine Mahlzeit ohne Reis ist in Japan kaum denkbar. Es ist eines der wichtigsten Nahrungsmittel des Inselreichs. So sind auch die Ansprüche an die Qualität des Reises sehr hoch. In ganz Japan gibt es spezielle Reisgeschäfte, die Reis von unterschiedlicher Qualität und aus verschiedenen Anbaugebieten führen. Gibt es bei einem Essen mehrere Gänge, so wird der Reis zum Hauptgericht oder zum Schluß der Mahlzeit mit Tee separat in einer Reisschale gereicht. Er wird dann zu dem Essen verzehrt und nicht etwa mit den anderen Speisen vermischt. Es ist auch unüblich, Sauce über den Reis zu gießen. Etwas anderes ist es, wenn der Reis als Hauptgericht serviert wird. Bei den beliebten Reistöpfen z. B. wird Gemüse, Fisch oder Fleisch gleich mit dem Reis gekocht. Auch Sushis werden als Hauptgericht gegessen. Die berühmten japanischen Reishäppchen aus mit Essig gesäuertem Reis und rohem Fisch haben bereits Weltruhm erlangt. Zu Hause gibt es Sushis aber nur zu ganz besonderen Anlässen, denn ihre Zubereitung ist etwas schwieriger. Reishäppchen sind eine gute Anfängerübung als Vorstufe für Sushis und schmecken ebenfalls köstlich. Da bei unseren Sushi-Rezepten der Fisch dominiert, finden Sie diese erst im Kapitel Fisch, Sushi und Sashimi. Die Zubereitung von Sushi-Reis haben wir wegen des Zusammenhangs dort erklärt. Sekihan, Azukibohnenreis, wird sehr gern zu Festen zubereitet. Er wird heute noch als Glückssymbol an die Nachbarschaft weitergegeben, z. B. wenn ein Kind geboren wurde, zur Einschulung oder auch zur Hochzeit. Dieser schöne Brauch wird aber fast nur noch auf dem Land oder von älteren Leuten gepflegt.

Reistopf

Zosui

Hauptgericht · Gelingt leicht

Zutaten für 4 Portionen:
240 g gekochter kalifornischer Rundkornreis (Medium Grain)
1 l Fleisch- oder Gemüsebrühe (Fertigprodukt)
3 EL japanische Sojasauce
4 Eigelb
Streifen von 1/2 Blatt Nori (Seetang) zum Bestreuen

Zubereitungszeit: 20 Min.

Pro Portion: 1200 kJ/290 kcal

1 Reis in Brühe etwa 5 Min. kochen. Dabei ab und zu umrühren und Schaum abschöpfen. Dann weitere 5 Min. bei schwacher Hitze zugedeckt ziehen lassen.

2 Sojasauce in den Reis geben. Den Reis in tiefe Portionsschalen füllen und in die Mitte jeweils ein Eigelb setzen. Nori mit einer Küchenschere in dünne Streifen schneiden. Über den Reis streuen und servieren.

Getränk: Japanischer grüner Tee paßt am besten zu diesem Gericht.

Variante: Das Gericht kann mit Gemüse, Fisch oder Fleisch verfeinert werden. Z. B. 100 g Gemüse pro Person (Möhren, Rettich, Lauch) putzen und in feine Stücke geschnitten mit dem Reis zusammen kochen.

Info: Das Gericht wird Zosui genannt, wenn der Reis im Kochwasser von Fleisch oder Gemüse gekocht wird. Wird Wasser oder Dashi-Brühe zum Reiskochen benutzt, heißt das Gericht Kayu.

Wichtiger Hinweis: Bitte verwenden Sie nur ganz frische Eier von freilaufenden Hühnern, um das Salmonellenrisiko zu verringern.

Reis

Reis ist in Japan das Hauptnahrungsmittel. Er gilt als Geschenk der Götter, zur Erntezeit werden deshalb noch heute Dankfeste gefeiert. Früher war Reis nicht nur Nahrungsmittel, er galt als Richtschnur für Reichtum und wurde sogar als Zahlungsmittel benutzt. Reis wird sowohl zum Frühstück als auch zum Mittag- und Abendessen serviert, wobei er in einer Reisschale zu den Hauptgängen oder erst danach gereicht wird. Er ist auch unter anderem eine wichtige Zutat für Sake (Reiswein), Mirin (süßer Wein) und Su (Reisessig). Da in Japan mit Stäbchen gegessen wird, ist es wichtig, daß der Reis einen hohen Stärkegehalt hat, damit die Körner besser aneinanderhaften. Es gibt zwei Hauptarten Reis, die in Japan gegessen werden: Rundkornreis und süßen Klebreis, Mochigome genannt, aus dem Reiskuchen gemacht werden. Original japanischen Rundkornreis kann man außerhalb Japans leider nicht kaufen, denn wegen der wenigen Anbauflächen in Japan wird der dort angebaute Reis ausschließlich auf dem heimischen Markt verkauft. Als Ersatz bietet sich aber kalifornischer Rundkornreis an, den Sie in Spezialitätengeschäften bekommen. Für die Zubereitung gibt es in Japan spezielle Reiskocher. Darin wird der Reis mit Wasser, aber ohne Salz nach dem Prinzip eines Dampfkochtopfes gegart.

Reissetzlinge in Kästen einzusetzen erleichtert Anbau und Ernte.

Reishäppchen

Hauptgericht · Gut vorzubereiten

Sanshoku Onigiri

Zutaten für 4 Portionen, für 12 Stücke:
100 g Lachsfilet
Salz
600 g kalifornischer Rundkornreis (Medium Grain)
1 gehäufter EL getrocknete Bonitoflocken (Hana Katsuo)
5 Umeboshi (eingelegte Pflaumen)
2 Blätter Nori (Seetang)
japanische Sojasauce zum Dippen
nach Belieben:
Pickles zum Garnieren

Zubereitungszeit: 45 Min. (+ 1 Std. Trocknen)

Pro Stück: 2500 kJ/600 kcal

1 Backofen auf 200° (Gasstufe 3) vorheizen.

2 Lachs salzen und im Backofen (Mitte) auf dem Rost etwa 1 Std. trocknen. Ein Blech unter den Rost legen, da Saft abtropft. Den Lachs dann im Mörser oder elektrischen Zerhacker pürieren.

3 Reis in ein Sieb geben und 3- bis 4mal waschen, bis das Wasser klar bleibt. Dann abtropfen lassen. Reis mit 800 ml Wasser zum Kochen bringen, bei schwacher Hitze den Reis etwa 25 Min. garen. Zwischen Topf und Deckel ein gefaltetes Küchentuch legen, damit der Dampf aufgesogen wird.

4 Umeboshi entkernen und mit einer Gabel zu einer Paste zerdrücken. Reis auf 3 Schüsseln verteilen. Eine Schüssel mit Bonitoflocken, eine Schüssel mit getrocknetem Lachs und eine mit Umeboshipaste würzen.

5 Das erste Nori-Blatt mit einer Küchenschere in 6 Streifen à 4 x 8 cm schneiden. Dazu das Blatt der Länge nach in 3 gleich große Stücke schneiden und diese wieder halbieren. Den Vorgang mit dem zweiten Nori-Blatt wiederholen.

6 Hände mit Wasser befeuchten und aus den Reismischungen jeweils 4 kleine Ballen nehmen, fest zusammendrücken und zu Dreiecken formen.

7 Die Dreiecke nun so in die Nori-Blätter wickeln, daß die obere Spitze vom Reis noch zu sehen ist.

8 Je drei verschiedene Häppchen auf einem Teller anrichten und mit Sojasauce zum Dippen servieren. Nach Belieben Pickles (z. B. eingelegten Rettich) dazu reichen.

Getränk: Japanischer grüner Tee paßt am besten zu diesem Gericht.

Tip! Der Reis kann mit beliebigen weiteren Zutaten gewürzt werden.
In asiatischen Geschäften gibt es hierzu auch viele fertige Reiswürzmischungen.
Hier finden Sie auch Reisformer.
Die Häppchen lassen sich auch prima für ein Picknick vorbereiten und mitnehmen.

Reis mit Huhn

Hauptgericht · Braucht etwas Zeit

Soboro Gohan

Zutaten für 4 Portionen:
400 g kalifornischer Rundkornreis (Medium Grain)
200 g ausgelöstes Hähnchenschenkelfleisch ohne Haut (ersatzweise Hähnchenbrustfilet)
5 EL Zucker
2 EL japanische Sojasauce
100 g Zuckerschoten
Salz
3 Eier
5 EL Sake (japanischer Reiswein)

Zubereitungszeit: 45 Min.

Pro Portion: 2500 kJ/600 kcal

1 Reis in einer Schüssel insgesamt 3- bis 4mal waschen, da der Reis dadurch einen besseren Glanz erhält. Dann in einem Sieb abtropfen lassen.

2 Gewaschenen Reis und etwa 600 ml Wasser zum Kochen bringen. Bei schwacher Hitze den Reis etwa 25 Min. garen. Dafür zwischen den Topf und den Deckel ein gefaltetes Küchentuch legen, damit der Dampf aufgesogen wird.

3 In der Zwischenzeit Hähnchenfleisch mit dem Fleischwolf oder der Küchenmaschine zu Hack verarbeiten.

4 In einem Topf Hähnchenhack, 2 EL Zucker und Sojasauce bei starker Hitze offen etwa 15 Min. kochen, bis die Flüssigkeit verdampft ist. Dabei mehrmals umrühren. Dann Topf beiseite stellen.

5 Zuckerschoten säubern und waschen, schräg in etwa 3 cm große Stücke schneiden. In einem Topf Salzwasser zum Kochen bringen und die Schoten etwa 1 Min. blanchieren (sprudelnd kochen). Dann abgießen und abschrecken.

6 Eier mit 3 EL Zucker, Sake und Salz verrühren und in einer beschichteten Pfanne wie Rührei sehr knusprig braten.

7 In Suppenschalen erst Reis hineingeben, dann Hackfleisch und dann das gebratene Ei. Mit Zuckerschoten dekorieren und servieren.

Reistopf mit Rindfleisch

Hauptgericht · Wintergericht

Kamameshi

Zutaten für 4 Portionen:
360 g kalifornischer Rundkornreis (Medium Grain)
80 g tiefgekühlte Erbsen, aufgetaut
600 ml Dashi-Brühe II (S. 28)
1 EL Zucker
2 EL japanische Sojasauce
6 EL Sake (japanischer Reiswein)
320 g Entrecôte, dünn aufgeschnitten

Zubereitungszeit: 1 Std.
(+ 30 Min. für die Dashi-Brühe)

Pro Portion: 2200 kJ/520 kcal

1 Reis in einer Schüssel 3- bis 4mal waschen, bis das Wasser klar bleibt. Dann in einem Sieb abtropfen lassen. Reis mit etwa 600 ml Wasser zum Kochen bringen, bei schwacher Hitze den Reis etwa 25 Min. kochen. Zwischen Topf und Deckel ein gefaltetes Küchentuch legen, damit der Dampf aufgesogen wird.

2 Wasser in einem Topf zum Kochen bringen und die Erbsen etwa 1/2 Min. blanchieren (sprudelnd kochen), dann abgießen und abschrecken.

3 In einem Topf 200 ml Dashi-Brühe, Zucker, 1 EL Sojasauce und 1 TL Sake zum Kochen bringen. Entrcôte darin etwa 1 Min. bei mittlerer Hitze kochen. Erbsen für 1 Min. dazugeben. Vom Herd nehmen und abkühlen lassen.

4 In 4 kleine Töpfe mit Deckel jeweils 1/4 vom Reis füllen. Restliche 400 ml Dashi-Brühe, Sake und Sojasauce darauf portionsweise verteilen und Reis umrühren. Deckel schließen. Einen großen Topf etwa 5 cm hoch mit Wasser füllen, die kleinen Töpfe hineinstellen. Das Wasser zum Kochen bringen und den Reis im Wasserbad bei mittlerer Hitze etwa 15 Min. durchziehen lassen.

5 Nun je 1/4 Fleisch und 1/4 Erbsen obenauf legen, Deckel wieder schließen und weitere 10 Min. bei mittlerer Hitze dämpfen, bis der Reis gleichmäßig durchgezogen ist. In den kleinen Töpfen servieren.

Info: Vor dem Essen rührt man Fleisch und Erbsen unter den Reis.

Azukibohnenreis

Hauptgericht · Etwas schwieriger

Sekihan

Zutaten für 4 Portionen:
600 g Klebreis (Mochigome, aus dem Spezialitätengeschäft)
80 g getrocknete Azukibohnen, (aus dem Spezialitätengeschäft)
Salz
nach Belieben: schwarzer Sesam zum Garnieren

Zubereitungszeit: 45 Min. (+ 1 Std. Garen)

Pro Portion: 2500 kJ/600 kcal

1 Reis gründlich waschen und in 1 l Wasser etwa 1 Std. stehenlassen.

2 Inzwischen Azukibohnen waschen. 1 l Wasser in einen Topf geben, mit den Bohnen zum Kochen bringen. Wenn das Wasser kocht, Bohnen abgießen.

3 Bohnen mit frischem Wasser erneut zum Kochen bringen und bei mittlerer Hitze offen etwa 1 Std. weich kochen. Darauf achten, daß stets genügend Wasser im Topf ist, eventuell 2- bis 3mal Wasser nachgießen.

4 Reis abgießen und abtropfen lassen. Einen großen Topf etwa 5 cm hoch mit Wasser füllen. Einen Dämpfeinsatz in den Topf hängen, so daß kein Kontakt mit dem Wasser besteht. Ein Küchentuch darauf legen. Den Reis auf dem Tuch verteilen. Wasser zum Kochen bringen und den Reis etwa 20 Min. bei mittlerer Hitze zugedeckt dämpfen. Wenn das Wasser im Topf verkocht, heißes Wasser nachfüllen. Den Topf dann beiseite stellen.

5 Fertige Bohnen etwa 20 Min. im Topf abkühlen lassen. Beim Abgießen der Bohnen in ein Sieb das Azukibohnenwasser auffangen. Über das Sieb ein feuchtes Tuch legen, damit die Bohnen nicht austrocknen.

6 200 ml Bohnenwasser und 150 ml Wasser mit 1 Prise Salz in einem Topf zum Kochen bringen. Reis ins kochende Wasser geben. Zwischenzeitlich immer wieder mit einem Kochlöffel umrühren, bis die Flüssigkeit aufgesogen ist.

7 Azukibohnen dazugeben, sorgfältig umrühren und etwa 20 Min. an einem warmen Ort zugedeckt ruhen lassen. Vor dem Servieren vorsichtig umrühren. Portionsschalen füllen, nach Belieben mit etwas schwarzem Sesam garnieren und servieren.

Info: Sekihan ist ein typisches Gericht für Feste. Wird es lauwarm oder kalt in einem Menü gegessen, wird es als letzter Gang ohne Beilagen serviert. Das Garen über Dampf ist eine besonders schonende Methode. Sie ist sehr wichtig für die japanische Küche, da der Eigengeschmack der Zutaten dadurch gut hervorgehoben wird.

Tip! Sie könnten den Azukibohnenreis noch mit 1 Prise Salz und 1 TL geröstetem Sesam abschmecken, das schmeckt etwas pikanter.

FLEISCH & GEFLÜGEL

Fleisch zu essen war in Japan wegen der buddhistischen Religion, die das Schlachten von Tieren verbietet, lange Zeit nicht erlaubt. Erst 1873 wurde das Verbot per kaiserlichem Erlaß offiziell aufgehoben. Die meisten Fleischrezepte kommen deshalb ursprünglich aus der europäischen oder chinesischen Küche. Die japanische Note wird ihnen durch das Würzen mit Sojasauce, Mirin, Miso und Sake verliehen. Auch heute noch wird Fleisch sehr selten gegessen. Da Rindfleisch in Japan extrem teuer ist, wird es in der Regel dünn geschnitten, insbesondere, wenn zarte Teile wie für ein Sukiyaki, das traditionelle Fleischfondue, benötigt werden. Deshalb wird auch oft das preisgünstigere Schweinefleisch verwendet. Obwohl Ästhetik in der japanischen Küche groß geschrieben wird, essen Japaner auch gerne fettdurchzogenes Fleisch, denn dadurch können sich die Aromen der Speisen harmonischer verbinden. Da der Buddhismus nur das Schlachten der vierfüßigen Tiere verbot, nimmt Geflügel einen hohen Stellenwert ein. Durch die hohen Protein- und niedrigen Kalorienwerte ist es ein wesentlicher Mosaikstein in der gesunden Küche Japans. Ob es sich bei dem jeweiligen Rezept um eine Haupt- oder eine Vorspeise handelt, können Sie an der Wertmarke erkennen.

Sukiyaki

Hauptgericht · Gut vorzubereiten

Japanisches Fleischfondue

Zutaten für 4 Portionen:
250 g Tofu · 160 g Harusame (japanische Glasnudelsorte)
8 frische Shiitake-Pilze
80 g Enokitake-Pilze (ersatzweise Austernpilze)
200 g Shungiku (Salatchrysantheme, ersatzweise Blattspinat)
400 g Chinakohl · 2 Stangen Lauch
600 g Entrecôte, vom Metzger in etwa 2 mm dicke Scheiben schneiden lassen · 3 EL Rindertalg (ersatzweise Pflanzenöl)
4 ganz frische Eier
Für die Sukiyaki-Saucen:
120 ml japanische Sojasauce
120 ml Mirin (süßer Reiswein)
2 EL Zucker

Vorbereitungszeit: 1 Std; gekocht wird am Tisch
Pro Portion: 3100 kJ/740 kcal

1 Tofu kurz in kaltes Wasser geben, abtropfen lassen und sorgfältig trockentupfen. Dann in 16 Würfel schneiden.

2 Harusame in reichlich Wasser etwa 5 Min. vorkochen, abgießen und beiseite stellen.

3 Stiele der Shiitake-Pilze entfernen, die Pilze mit einem Tuch abwischen. Einen Teil der Pilze ganz lassen, einen Teil in Dreiecke schneiden. Enokitake waschen, vom braunen Abschnitt an den Stielenden befreien. Die Enokitake- und Shiitake-Pilze beiseite legen. Shungiku putzen und waschen.

4 Chinakohl putzen und waschen. Dann die Chinakohlblätter in etwa 10 cm lange Stücke schneiden. Wasser in einem Topf zum Kochen bringen, Chinakohl etwa 5 Min. blanchieren (sprudelnd kochen). Abgießen und mit den Händen etwas pressen, damit er nicht zu wäßrig wird.

5 Lauch waschen, welke grüne Blätter und Wurzeln entfernen. Leicht schräg in etwa 7 cm lange Stücke schneiden.

6 Alle oben vorbereiteten Zutaten sowie das Entrecôte dekorativ auf je einer großen Platte anrichten. Stäbchen oder eine Gabel dazulegen.

7 Für die Saucen Sojasauce, Mirin und Zucker in einem Topf kurz aufkochen lassen. 160 ml entnehmen und in ein Kännchen geben. Zu der restlichen Sauce 50 ml Wasser hinzufügen und die verdünnte Sauce in ein zweites Kännchen geben.

8 In vier Schalen jeweils ein frisches rohes Ei geben und darin verrühren. Vor jedes Gedeck stellen.

9 Eine Kochplatte oder einen Gasbrenner mit einem Sukiyaki-Topf (gibt es in Asiengeschäften) oder einem Bratentopf auf den Tisch stellen und erhitzen. Rindertalg schmelzen und mehrere Scheiben Fleisch kurz darin anbraten. Zunächst etwa 80 ml der unverdünnten Sauce dazugeben.

10 Dann einen Teil des Gemüses und etwas vom Tofu dazugeben. Wenn die Sauce kocht, eine Teil der Glasnudeln hinzufügen und mit Tofu, Fleisch und Gemüse 6–8 Min. darin kochen.

11 Jede Person am Tisch bedient sich mit Stäbchen oder Gabel selbst aus der Pfanne. Das Fleisch und die übrigen Zutaten werden kurz ins Ei getaucht, bevor sie gegessen werden.

12 Der Rhythmus, in dem gegessen und wieder Fleisch, Gemüse und die weiteren Zutaten in den Topf gegeben wird, ist ganz individuell. Noch während gegart wird, darf man sich, was fertig ist, herausnehmen und neue Zutaten dazugeben. Nur nicht zu viele Zutaten auf einmal in den Topf geben. Während der Zubereitung immer wieder mit Sauce auffüllen. Zunächst unverdünnte und später verdünnte Sauce verwenden, damit der Geschmack nicht zu intensiv wird.

Getränk: Zu diesem Tischkochgericht paßt am besten warmer Sake.

Info: Das Tischkochen ist besonders im Winter sehr beliebt. Jeder kann mitgaren, in einer japanischen Familie kocht aber oft der Vater am Tisch.

Tip! Wenn Sie das Fleisch selbst ganz dünn schneiden wollen, sollten Sie es kurz anfrieren, dann geht es leichter.

Wichtiger Hinweis: Bitte verwenden Sie nur ganz frische Eier von freilaufenden Hühnern, um das Salmonellenrisiko zu verringern.

Gekochter Schweinebauch

Vorspeise · Braucht etwas Zeit

Tonbara no Nimono

Zutaten für 4 Portionen:
320 g Schweinebauch
1 walnußgroßes Stück frischer Ingwer
1 Stück Daikon (japanischer Rettich, etwa 10 cm)
1/2 l Sake (japanischer Reiswein)
200 ml japanische Sojasauce
200 g Zucker
außerdem: Küchenzwirn · Lauchringe zum Garnieren

Zubereitungszeit: 30 Min. (+ 3 Std. Garen)
Pro Portion: 2100 kJ/500 kcal

1 Schweinebauch in etwa 4 cm große Würfel schneiden und mit einem Küchenfaden umwickeln, damit das Fleisch beim Kochen nicht zerfällt. Fleisch etwa 10 Min. in etwa 1 l Wasser bei mittlerer Hitze im offenen Topf kochen.

2 Inzwischen Ingwer und Rettich schälen und fein reiben. In je ein Schälchen füllen.

3 Geriebenen Ingwer, Sake, Sojasauce, 100 ml Wasser und Zucker in einen Topf geben, Fleisch hinzufügen und aufkochen lassen. Dann bei schwacher Hitze etwa 3 Std. zugedeckt kochen lassen.

4 Küchenfäden vom Fleisch entfernen und Fleisch portionsweise mit Rettich servieren. Nach Belieben mit Lauchringen garnieren.

Getränk: Zu diesem Gericht sollten Sie warmen Sake reichen.

Info: Gekochter Schweinebauch wird manchmal auch als Hauptgericht zum Reis serviert.

Schweineschulter mit Salat

Hauptgericht · Gelingt leicht

Butaniku no Misoyaki

Zutaten für 4 Portionen:
50 g rotes Miso (Sojabohnenpaste)
2 EL Zucker
4 EL Sake (japanischer Reiswein)
4 EL Dashi-Brühe II (S. 28)
1 EL japanische Sojasauce
200 g Weißkohl
1/4 Salatgurke
Salz
1 große Tomate
50 g Erdnüsse, geschält und ungesalzen
1 EL Pflanzenöl
600 g Schweineschulter, vom Metzger in etwa 3 mm feine Scheiben schneiden lassen
schwarzer Pfeffer, frisch gemahlen

Zubereitungszeit: 35 Min. (+ 30 Min. für die Dashi-Brühe)
Pro Portion: 2400 kJ/570 kcal

1 Miso, Zucker, Sake und Dashi-Brühe verrühren. Unter Rühren in einem Topf bei mittlerer Hitze erhitzen – nicht kochen. Zum Schluß Sojasauce dazugeben, dann beiseite stellen.

2 Weißkohl putzen, waschen und in etwa 3 mm feine Streifen schneiden. Bis zum Servieren in kaltes Wasser legen, damit er knackig bleibt.

3 Gurke waschen und mit Salz einreiben. Salz abwaschen und mit einem Garniermesser längs ein Streifenmuster als Zierde in die Schale schneiden. Dann die Gurke schräg in etwa 2 cm dicke Scheiben schneiden.

4 Tomate waschen und achteln, dabei Stielansatz entfernen. Erdnüsse in einer beschichteten Pfanne leicht rösten, dann grob hacken.

5 Eine Pfanne erhitzen, Öl hinzugeben. Schweineschulter schwach salzen und pfeffern. Fleisch etwa 2 Min. bei mittlerer Hitze braten. Aus der Pfanne nehmen und mit der vorbereiteten Misosauce bestreichen.

6 Haut der Tomatenachtel bis aufs Ende schälen. Abgetropften Weißkohl, Tomate und Gurke auf vier Tellern anrichten. Fleisch darauf legen und mit Erdnüssen bestreuen.

Getränk: Zu diesem Gericht paßt Sake, aber auch ein japanisches Bier.

Info: Die Gurke erhält durch das Einreiben mit Salz eine intensivere Farbe, und die Schale wird gleichzeitig gesäubert.

Teriyaki-Ente

Vorspeise · Geht schnell

Kamo no Teriyaki

Zutaten für 4 Portionen:
400 g Entenbrustfilet mit Haut
2 dünne Stangen junger Lauch
4 EL Sake (japanischer Reiswein)
4 EL Mirin (süßer Reiswein)
2 gehäufte EL Zucker
70 ml japanische Sojasauce
1 EL Pflanzenöl zum Anbraten
Salz
nach Belieben: dekorativ geschnitzte Radieschen- und Möhrenscheiben zum Garnieren
scharfer Senf

Zubereitungszeit: 30 Min.

Pro Portion: 1400 kJ/330 kcal

1 Entenhaut vorsichtig 3mal senkrecht zur Fleischfaser einschneiden. Lauch von welken grünen Blättern und Wurzeln befreien, waschen und in etwa 3 cm große Stücke schneiden.

2 Fleisch mit der Hautseite nach unten in einer beschichteten Pfanne ohne Fett bei starker Hitze etwa 3 Min. braten, wenden und 1 weitere Min. braten. Aus der Pfanne nehmen und das Fett weggießen.

3 Sake, Mirin und Zucker bei mittlerer Hitze in der Pfanne aufkochen. Dann die Ente dazugeben und die Pfanne mit einem Deckel verschließen. Nach etwa 2 Min. Sojasauce dazugeben und das Fleisch wenden. Die Sauce bei schwacher Hitze zugedeckt weiter einkochen lassen, bis sie nach etwa 3 Min. dickflüssig ist. Fleisch hin und wieder wenden. Sauce wegschütten.

4 In einer zweiten Pfanne Porre in etwas Öl bei mittlerer Hitze 2–3 Min. anbraten und salzen. Radieschen waschen und dekorativ einschneiden, so daß z. B. Blüten entstehen.

5 Fleisch in etwa 4 mm dünne Scheiben schneiden und auf Tellern mit Lauch und einem Klecks Senf servieren. Nach Belieben mit Radieschen- und Möhrenscheiben garnieren.

Variante: Gekochte Ente
250 g Entenbrustfilet mit Haut in etwa 5 mm dicke Scheiben schneiden, salzen, pfeffern, in 2 EL Kartoffelmehl (Stärkemehl) wenden, dann etwa 1 Min. blanchieren (sprudelnd kochen).
100 ml Mirin und 50 ml Sojasauce aufkochen, Ente etwa 30 Sek. bei mittlerer Hitze medium kochen.
Ente abtropfen lassen, die Sauce nochmals aufkochen. Ente mit der Sauce servieren.

Yakitori

Vorspeise · Geht schnell

Hähnchenspieße

Zutaten für 4 Portionen:
400 g ausgelöstes Hähnchenschenkelfleisch
2 dünne Stangen Lauch
200 ml Geflügelfond (Fertigprodukt)
120 ml japanische Sojasauce
3 EL Zucker
nach Belieben: dekorativ geschnitzte Möhrenscheiben zum Garnieren
außerdem: Bambusspieße

Zubereitungszeit: 30 Min.

Pro Portion: 880 kJ/210 kcal

1 Holzkohlengrill sofort, den Tischgrill vor Schritt 3 vorheizen.

2 Hähnchenfleisch in etwa 2 ½ cm große Würfel schneiden. Lauch von welken grünen Blättern und den Wurzeln befreien, jeweils in 4 gleich große Stücke schneiden.

3 Bambusspieße einige Min. in Wasser einweichen, damit sie nachher beim Grillen nicht verbrennen. Geflügelfond, Sojasauce und Zucker bei starker Hitze kurz aufkochen.

4 Pro Spieß 3 Stücke Hähnchenfleisch und 2 Stücke Lauch aufspießen, mit Hähnchenfleisch beginnen. Ganz eng stecken.

5 Spieße in die Sauce tunken, abtropfen lassen und auf einem Holzkohle- oder Tischgrill 3–4 Min. von jeder Seite grillen, bis sie braun sind. (Im Notfall geht es auch in der Bratpfanne, in die portionsweise etwas Öl gegeben wird.) Während des Grillens Spieße immer wieder mit der Sauce bestreichen. Die Spieße dekorativ auf längliche Teller verteilen, nach Belieben mit Möhrenscheiben garnieren.

Getränk: Zu diesem Gericht paßt ein kühles Bier am besten.

Tip! Wer es gern scharf mag, sollte zu den Spießen die Gewürzmischung Shichimi Togarashi zum individuellen Nachwürzen reichen. Sie können auf diese Weise auch Gemüse, Fleisch, Innereien oder Meeresfrüchte garen. Die Spieße können auch auf einem gemeinsamen Teller serviert werden.

Teriyaki-Hähnchen

Hauptgericht · Gelingt leicht

Toriniku no Nabeteriyaki

Zutaten für 4 Portionen:
1 EL Pflanzenöl
3 Hähnchenbrustfilets (etwa 600 g) mit Haut
1 EL Sake (japanischer Reiswein)
4 EL japanische Sojasauce
4 EL Mirin (süßer Reiswein)
2 EL Zucker
160 g Weißkohl
nach Belieben: fein geraspelte Möhren, Gurkenstückchen und Daikonkresse zum Garnieren

Zubereitungszeit: 30 Min.

Pro Portion: 1000 kJ/240 kcal

1 Öl in einer Pfanne erhitzen. Hähnchenfilets mit der Hautseite nach unten hineinlegen und bei mittlerer Hitze anbraten. Fleisch nach etwa 5 Min. wenden. Pfanne mit einem Deckel verschließen und Hähnchen etwa 5 Min. knusprig braten, dabei zwischendurch die Pfanne immer mal wieder rütteln.

2 Fleisch herausnehmen und das Öl weggießen. In der Pfanne Sake, Sojasauce, Mirin und Zucker aufkochen. Fleisch mit der Hautseite nach oben wieder hinzufügen und in der Sauce bei schwacher Hitze etwa 5 Min. gut durchziehen lassen.

3 Weißkohl putzen und waschen und auf der Gemüsereibe fein raspeln. Fleisch aus der Sauce nehmen, in etwa 1 cm dicke Scheiben schneiden und mit Weißkohl dekoriert servieren. Nach Belieben noch mit geraspelten Möhren, Gurke und Kresse garnieren.

Info: Der Name Teriyaki kommt von teri, was Glanz bedeutet, und yaki, was Grillen heißt. Teriyaki ist eine sehr beliebte Zubereitungsmethode in Japan. Das Gericht heißt so, auch wenn das Hähnchen nicht auf dem Grill, sondern in der Pfanne zubereitet wird.

Mirin gibt den Gerichten eine typisch japanische Note.

Mirin

Mirin ist ein süßer, fermentierter Reiswein, der heute ausschließlich zum Kochen verwendet wird. Es wird vermutet, daß er von Korea oder Südchina nach Japan gekommen ist, andere Quellen besagen, jedoch, daß die Missionare ihn im 16. Jahrhundert aus Europa mitgebracht haben. Die Herstellung ist recht aufwendig: Gekochter Reis wird 2 Tage mit einer Startkultur bei 40–50° angesetzt, um eine trockene Maische zu erhalten. Dann werden Klebreis und destillierter Alkohol dazugegeben. Diese feuchte Maische reift bei 25° 2 Monate lang. Dann erst wird die Flüssigkeit pasteurisiert, gefiltert und abgefüllt. Zunächst als süßer Reiswein getrunken, stellte man schnell fest, daß man anstelle von Zucker in gekochten Speisen auch Mirin nehmen kann und die Speisen damit länger frisch bleiben. Die Kombination von Alkohol und natürlicher Süße gibt den Gerichten eine typisch japanische Note, die nicht ersetzt werden kann. Mirin wird vor allem für gekochte, gebackene und gegrillte Gerichte verwendet. Besonders Grillgerichte erhalten durch den goldenen, sirupähnlichen Wein einen schönen, appetitlichen Glanz.

Soja-Mirin-Hähnchen

Vorspeise · Geht schnell

Mushidori no Yogarashi Sauce Kake

Zutaten für 4 Portionen:
400 g Hähnchenschenkel
3 EL japanische Sojasauce
2 EL Mirin (süßer Reiswein)
2 EL Sake (japanischer Reiswein)
1 EL Zucker
1 Scheibe frischer Ingwer (etwa 1 cm)
8 Blätter Eisbergsalat
1 kleines Stück Gurke
1 kleines Stück Möhre
2 TL scharfer Senf
außerdem:
Alufolie

Zubereitungszeit: 30 Min.

Pro Portion: 640 kJ/150 kcal

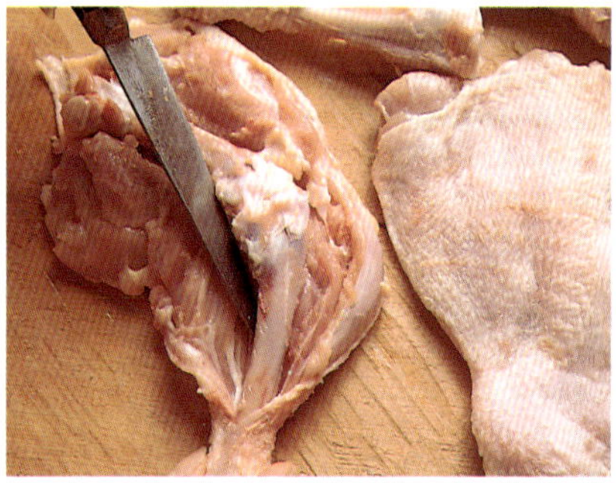

1 Mit einem sehr scharfen Messer an den beiden Seiten des Knochens entlang schneiden. Nun läßt sich das Fleisch rundum auslösen.

2 Die Haut des Hähnchenfleisches mit einer Gabel einstechen und die Hähnchenschenkel kurz in heißes Wasser tauchen. Danach abschrecken und abtropfen lassen.

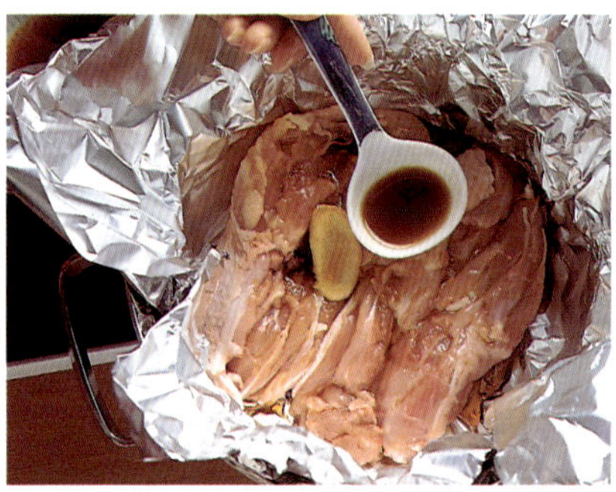

3 Einen Topf so großzügig mit Alufolie ausschlagen, daß man später ein Päckchen daraus machen kann. Sojasauce, Mirin, Sake und Zucker darauf verrühren, Ingwer dazugeben, das Hähnchenfleisch mit der Hautseite nach unten hineinlegen und die Alufolie darüber verschließen.

4 Den Topf mit einem Deckel verschließen und die Huhn-Soja-Mischung etwa 8 Min. bei starker Hitze zum Dampfen bringen. Sobald es zu dampfen beginnt, die Temperatur herunterschalten. Danach die Folie öffnen, das Fleisch wenden, Folie wieder verschließen und das Fleisch bei mittlerer Hitze nochmals etwa 8 Min. dämpfen lassen. Im Topf abkühlen lassen.

5 Eisbergsalat waschen, abtropfen lassen und in feine Streifen schneiden. Gurkenstück fächerartig einschneiden. Möhre in dünne Stifte schneiden. Hähnchenfleisch aus der Alufolie nehmen und in dünne Scheiben schneiden.

6 Sauce durch ein Sieb gießen und mit Senf verrühren. Fleisch portionsweise neben dem Eisbergsalat anrichten. Mit Gurkenfächer und Möhrenstreifen garnieren. Die Sauce kurz vor dem Servieren darüber gießen.

Getränk: Zu diesem Gericht paßt japanischer grüner Tee am besten.

Variante: Gegrilltes Hähnchenfleisch
Aus 2 EL japanischer Sojasauce, 2 EL Mirin (süßer Reiswein), 1 TL Sake (japanischer Reiswein), 1 EL Hühner- oder Dashi-Brühe I (S. 28), 1 TL Zucker, 1 TL Su (Reisessig), 1 TL Zitronensaft und 1 TL gerösteten Sesam eine Marinade mischen. Hähnchenschenkel wie in Punkt 1 beschrieben vorbereiten und in der Marinade mindestens 3 Std. zugedeckt an einem kühlen Ort marinieren. Im Backofen (Mitte) bei 160° (Gas Stufe 1) etwa 15 Min. vorgaren. Zwischendurch mit Sauce bestreichen. Dann auf dem Holzkohle- oder Tischgrill etwa 5 Min. von beiden Seiten grillen.

Marinierte Ente

Vorspeise · Gut vorzubereiten

Kamoniku no Yakizuke

Zutaten für 4 Portionen:
250 g Entenbrustfilet mit Haut
Salz
schwarzer Pfeffer, frisch gemahlen
2 dünne Stangen Lauch
100 ml Sake (japanischer Reiswein)
80 ml Mirin (süßer Reiswein)
100 ml japanische Sojasauce
1 EL Pflanzenöl
nach Belieben: dekorativ geschnitzte Möhrenscheiben zum Garnieren

Zubereitungszeit: 20 Min.
(+ 2–12 Std. Marinieren)

Pro Portion: 910 kJ/220 kcal

1 Entenbrustfilet salzen und pfeffern. Lauch von welken grünen Blättern und den Wurzeln befreien, waschen, in etwa 3 cm große Stücke schneiden und diese halbieren.

2 Sake, Mirin und Sojasauce in einem Topf bei starker Hitze kurz aufkochen, dann abkühlen lassen.

3 Pfanne mit Öl auswischen, Entenfilet darin bei mittlerer Hitze zunächst mit der Hautseite nach unten etwa 5 Min. anbraten, dann wenden. Nun weitere 5 Min. braten, bis das Fleisch außen knusprig und innen leicht rosa gebraten ist.

4 Pfanne nochmals mit Öl auswischen und Lauch darin bei mittlerer Hitze etwa 30 Sek. braten.

5 Fleisch und Lauch etwa 15 Min. abkühlen lassen und in der vorbereiteten Sauce mindestens 2 Std. marinieren, am besten über Nacht zugedeckt im Kühlschrank einlegen.

6 Fleisch und Lauch aus der Marinade nehmen. Fleisch in etwa 1/2 cm dicke Scheiben schneiden. Sauce durch ein Sieb geben. Fleisch auf 4 Teller verteilen, am Rand des Tellers Lauchstücke übereinander plazieren. Ente mit Sauce übergießen und servieren. Nach Belieben mit Möhrenscheibchen garnieren.

Tip! Wenn Sie es weniger würzig wollen, können Sie auch bis zu 40 ml weniger Sojasauce nehmen.

Gekühltes Entrecôte

Vorspeise · Braucht etwas Zeit

Gyuniku no Tatakifu

Zutaten für 4 Portionen:
400 g Entrecôte
3 Knoblauchzehen
1 walnußgroßes Stück frischer Ingwer
200 ml japanische Sojasauce
50 ml Sake (japanischer Reiswein)
1/2 Daikon (japanischer Rettich)
1/2 Salatgurke
1 EL Pflanzenöl
außerdem:
japanische Sojasauce und Wasabi (japanischer grüner Meerrettich) zum Dippen

Zubereitungszeit: 30 Min.
(+ 3 Std. Marinieren + 1 Std. Ruhen)

Pro Portion: 720 kJ/170 kcal

1 Entrecôte in etwa 3 cm breite Streifen schneiden. Knoblauch schälen, Ingwer schälen und auf einer Reibe feinreiben. Ingwer, Sojasauce und Sake in einer Schüssel verrühren, Knoblauch dazupressen. Fleisch in der Mischung etwa 3 Std. zugedeckt im Kühlschrank marinieren.

2 Rettich schälen und in feine Scheiben schneiden. Die Scheiben wiederum in hauchdünne Fäden schneiden. Gurke gründlich waschen, längs halbieren und in feine Scheiben schneiden.

3 Eine Pfanne mit Öl auswischen, erhitzen und das Fleisch darin etwa 2 Min. rundum anbraten. Es darf innen noch fast roh sein. Fleisch kurz in eiskaltes Wasser tauchen, dann trockentupfen. Fleisch im Kühlschrank etwa 1 Std. kalt stellen, dann in etwa 1/2 cm dicke Scheiben schneiden.

4 Fleisch auf Tellern fächerförmig anrichten. Rettich, Gurkenscheiben und eine Kugel Wasabi dazulegen. Sojasauce zum Dippen in einer separaten Schale servieren.

Gekochtes Rindfleisch

Hauptgericht · Gelingt leicht

Gyuniku no Yanagawafu

Zutaten für 4 Portionen:
1 kleine Schwarzwurzel
1 TL Su (Reisessig)
1 EL Mirin (süßer Reiswein)
200 ml Dashi-Brühe II (S. 28)
3 EL japanische Sojasauce
1 EL Zucker
250 g Entrecôte, vom Metzger in etwa 2 mm dünne Scheiben schneiden lassen
4 ganz frische Eier · 4 Shisoblätter
nach Belieben: dekorativ geschnitzte Möhrenscheiben zum Garnieren

Zubereitungszeit: 30 Min.
(+ 30 Min. für die Dashi-Brühe)

Pro Portion: 1100 kJ/260 kcal

1 Backofen auf 75° (Gas Stufe 1) vorheizen. Schwarzwurzeln waschen, schälen und in etwa 3 mm dicke Scheiben schneiden. Dann in etwa 250 ml Essigwasser legen, damit sie hell werden.

2 Mirin, Dashi-Brühe, Sojasauce und Zucker in einem Topf gut verrühren und zum Kochen bringen. Wenn die Mischung kocht, Fleischscheiben bei mittlerer Hitze 1–2 Min. hinzugeben, bis sich die Fleischfarbe verändert hat. Fleisch herausnehmen und im Backofen warm stellen.

3 Schwarzwurzeln ebenfalls in der Sauce etwa 20 Min. kochen. Zwischendurch etwas Wasser nachgießen. Wenn die Schwarzwurzeln weich sind, das Fleisch wieder hinzufügen und heiß werden lassen.

4 Rindfleisch mit Schwarzwurzeln sehr heiß auf vier Teller verteilen. Eier verrühren, über das Fleisch gießen. Mit je 1 Shisoblatt und 4 Möhrenscheiben garnieren.

Tip! Das Gericht schmeckt besonders gut, wenn Sie eine japanische Schwarzwurzel, Gobo genannt, verwenden.

Wichtiger Hinweis: Bitte verwenden Sie nur ganz frische Eier von freilaufenden Hühnern, um das Salmonellenrisiko zu verringern.

Fritierte Hähnchenschenkel

Hauptgericht · Geht schnell

Toriniku no Karaage

Zutaten für 4 Portionen:
600 g Hähnchenschenkel
4 EL Sake (japanischer Reiswein)
2 EL Mirin (süßer Reiswein)
2 EL japanische Sojasauce
Reismehl zum Bestäuben
1 l Pflanzenöl zum Fritieren
2 unbehandelte Zitronen

Zubereitungszeit: 30 Min.

Pro Portion: 2800 kJ/670 kcal

1 Haut der Hähnchenschenkel einstechen. Mit einem sehr scharfen Messer an den beiden Seiten des Knochens entlang schneiden. Nun läßt sich das Fleisch rundum auslösen. Überflüssiges Fett entfernen. Das Fleisch in etwa 2 cm große Stücke schneiden.

2 Sake, Mirin und Sojasauce verrühren und das Fleisch darin etwa 15 Min. marinieren. Abtropfen lassen und mit Reismehl bestäuben. Überflüssiges Mehl abklopfen.

3 In einem Topf Öl erhitzen, bis an einem hineingehaltenen Holzstäbchen Bläschen emporsteigen. In der Friteuse Öl auf 180° erhitzen. Hähnchenstücke darin in kleinen Mengen in etwa 2 Min. knusprig ausbacken. Vorsicht, Spritzgefahr! Öl abtropfen lassen, Hähnchenteile kurz auf Küchenpapier entfetten, dann servieren. Zitronen waschen, vierteln und dazu reichen.

Tip! Wenn Sie es scharf mögen, können Sie mit Shichimi Togarashi nachwürzen. Sie können die Hähnchenschenkel auch warm oder lauwarm auf Salatblättern servieren.

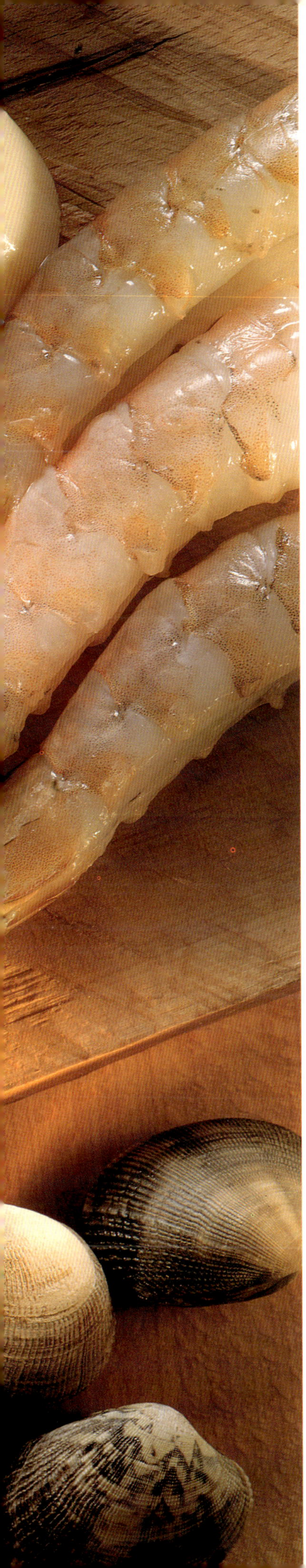

FISCH, SUSHI UND SASHIMI

In wohl kaum einem anderen Land hat Fisch eine solche Bedeutung wie in Japan. Denn Fisch ist, neben Reis, ein Hauptnahrungsmittel des pazifischen Inselreichs. Und außerhalb Japans sind vor allem die Fischrezepte der japanischen Kochkunst bekannt. Sushi und Sashimi stehen hier sicherlich an erster Stelle. Roher Fisch wird auch in Europa immer beliebter. Um aber Fisch richtig genießen zu können, ist es wichtig, schon beim Einkauf auf beste Qualität zu achten. Achten Sie also darauf, daß die Haut des Fisches natürlich glänzt und daß sie keine Druckstellen oder Beschädigungen hat. Schauen Sie dem Fisch in die Augen, bei einem frischen Fisch sind sie glasklar. Die Kiemen müssen leuchtend rot sein. Liegt der Fisch schon länger, werden sie weißlich und er fängt an zu riechen. Machen Sie den Druck- und den Riechtest: Nur wenn der Fisch beim Eindrücken mit dem Finger fest erscheint und nach Meer riecht, ist er frisch. Bei filetiertem Fisch müssen Sie Ihrem Händler vertrauen. Nehmen Sie vor allem für Sushi und Sashimi nur absolut frischen Fisch. Wenn Sie lieber gegarten Fisch essen, kommen Sie in Japan ebenfalls auf Ihre Kosten. Neben den Sushi- und Sashimirezepten finden Sie auch verlockende Rezepte für gegarten Fisch in diesem Kapitel.

Sashimi

Vorspeise · Etwas schwieriger

Rohes Fischfilet

Zutaten für 4 Portionen:
100 g Thunfischfilet, rechteckiges Stück, höchstens 3 cm dick
60 g Lachsfilet
60 g Tintenfisch (Sepia)
60 g Steinbuttfilet
1 dicker Daikon (japanischer Rettich)
20 g Wasabi (japanischer grüner Meerrettich, etwa 1 gehäufter EL)
nach Belieben:
Limetten-, Radieschen- und dekorativ geschnittene Möhrenscheiben zum Garnieren.
außerdem:
japanische Sojasauce zum Dippen

Zubereitungszeit: 1 Std.

Pro Portion: 520 kJ/120 kcal

1 Flachschnitt (Hira giri): Nehmen Sie die Hälfte des Thunfischfilets, halten dieses vorsichtig fest und schneiden Sie es mit einem sehr scharfen Messer senkrecht in etwa 1/2 cm dicke Scheiben, als ob Sie z. B. Brot schneiden würden. Das Lachsfilet wie den Thunfisch schneiden.

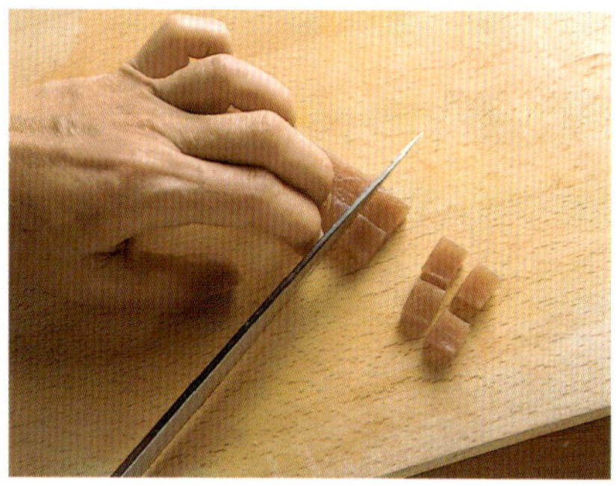

2 Würfelschnitt (Kaku giri): Den restlichen Thunfisch in etwa 1 cm breite Scheiben schneiden und diese dann wiederum zu 1–2 cm großen Würfeln schneiden.

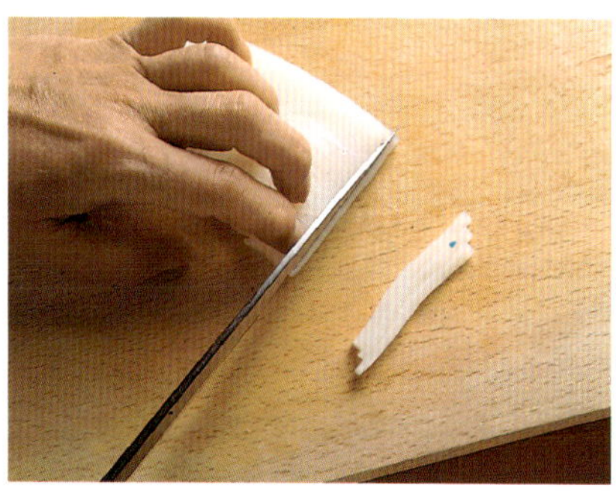

3 Fadenform (Ito giri): Den Tintenfisch zunächst senkrecht in etwa 3 mm dünne Scheiben schneiden und diese dann längs in 3 mm feine Streifen schneiden.

4 Hauchdünne Scheiben (Usu giri): Das Steinbuttfilet auf ein flaches Brett legen und mit einem sehr scharfen Messer leicht schräg in hauchdünne, fast durchsichtige Scheiben schneiden.

5 Rettich schälen, Enden so abschneiden, daß ein etwa 10 cm langes, gleichmäßig dickes Stück entsteht.

6 Mit einem sehr scharfen Messer den Rettich so abschälen, als ob Sie eine Papierrolle abwickeln. Das lange Stück nun in 1 mm feine Fäden schneiden. Rettich ersatzweise fein raspeln.

7 Aus Wasabi 1 Blatt formen und an den Rand einer Platte setzen. Fischfiletstücke und Rettich dekorativ anordnen. Nach Belieben mit Limetten-, Radieschen- und Möhrenscheiben garnieren. Pro Person ein Schälchen mit japanischer Sojasauce reichen.

Gegrillter Lachs

Hauptgericht · Gelingt leicht

Sake no Yuanyaki

Zutaten für 4 Portionen:
1 Yuzu (japanische Zitrone, ersatzweise 1 Limette)
80 ml japanische Sojasauce
80 ml Mirin (süßer Reiswein)
80 ml Sake (japanischer Reiswein)
8 Lachsfiletscheiben (je etwa 50 g)
4 Scheiben Lotuswurzel (aus der Dose oder tiefgekühlt)
Salz
4 EL Su (Reisessig) · 1 EL Zucker
nach Belieben:
dekorativ geschnitzte Möhrenscheiben zum Garnieren.

Zubereitungszeit: 30 Min. (+ 2 Std. Marinieren)

Pro Portion: 1200 kJ/290 kcal

1 Yuzu heiß abspülen und in 4 Scheiben schneiden.

2 Sojasauce, Mirin, Sake und Yuzu in einer Schüssel oder Topf verrühren und den Lachs darin mindestens 1 Std. zugedeckt im Kühlschrank marinieren.

3 In der Zwischenzeit Lotuswurzel in Salzwasser etwa 2 Min. kochen. Abtropfen lassen und eventuell nochmals quer durchschneiden, bis die Scheiben etwa 4 mm dick sind.

4 4 EL Wasser, Su und Zucker verrühren und die Lotuswurzelscheiben darin etwa 1 Std. einlegen. Nach etwa 45 Min. Backofen auf 250° Oberhitze (Gas Stufe 5) vorheizen.

5 Lachs im Backofen bei Oberhitze auf der obersten Schiene auf einem eingefetteten Gitterrost von der ersten Seite etwa 3 Min. grillen, wenden und nochmals etwa 1 Min. grillen. Zwischendurch mit der Marinade bestreichen.

6 Je zwei Lachsfilets pro Person zusammen mit den kalten Lotuswurzelscheiben servieren. Nach Belieben mit Möhrenscheiben garnieren.

Variante: 120 g Lachsfilet pro Person wie im Rezept beschrieben zubereiten. 1/2 geschälten und geriebenen Daikon (japanischer Rettich) abtropfen lassen, daraus kleine Hügel formen und neben die Lachsfilets setzen. Vor dem Essen werden diese mit Sojasauce übergossen. Den Rettich ißt man mit dem Lachs zusammen.

Gebackene Heringsfilets

Hauptgericht · Gelingt leicht

Nishin no Karaage

Zutaten für 4 Portionen:
4 Heringsfilets mit Haut (je etwa 80 g)
2 EL japanische Sojasauce
100 ml Sake (japanischer Reiswein)
1 EL Weizenmehl
1 EL Kartoffelmehl (Stärkemehl)
1 l Pflanzenöl zum Ausbacken
1 unbehandelte Zitrone
nach Belieben:
dekorativ geschnittene Gurkenstücke zum Garnieren

Zubereitungszeit: 20 Min. (+ 1 Std. Marinieren)

Pro Portion: 980 kJ/230 kcal

1 Heringsfilets mit einem scharfen Messer quer in 2–3 Stücke schneiden. Die Haut etwas einritzen.

2 Sojasauce und Sake in eine Schüssel geben und verrühren. Darin die Filets etwa 1 Std. zugedeckt im Kühlschrank marinieren.

3 Mehl und Kartoffelmehl in eine Schüssel geben, mischen und die Heringsfilets darin wenden.

4 In einem Topf Öl erhitzen, bis an einem hineingehaltenen Hölzchen Bläschen emporsteigen. Öl in der Friteuse auf 180° erhitzen. Die Filets im Öl knusprig backen. Vorsicht, Spritzgefahr!

5 Zitrone waschen, achteln und mit den Filets zusammen servieren. Sie wird über dem Fisch ausgedrückt. Nach Belieben mit Gurken garnieren.

Variante: Aus je 2 EL japanischer Sojasauce, Su (Reisessig), Sake (japanischer Reiswein), Wasser und 1 EL Mirin (süßer Reiswein) sowie 1 TL Zucker eine Marinade mischen. 1 getrocknete rote Peperoni waschen, Kerne entfernen, in feine Ringe schneiden und dazugeben. Hering in Mehlmischung wenden und fritieren. Warm in die Marinade legen und alles etwa 12 Std. kühl stellen.

Gebackene Scholle

Vorspeise · Gelingt leicht

Karei no Oroshini

Zutaten für 4 Portionen:
1 walnußgroßes Stück frischer Ingwer
4 Schollenfilets (je etwa 80 g)
6 EL Sake · 2 EL Weizenmehl
½ Daikon (japanischer Rettich)
200 ml Dashi-Brühe II (S. 28)
5 EL Mirin (süßer Reiswein)
5 EL japanische Sojasauce
1 EL Pflanzenöl · nach Belieben: Daikonkresse zum Garnieren

Zubereitungszeit: 30 Min.
(+ 30 Min. für die Dashi-Brühe)
Pro Portion: 680 kJ/160 kcal

1 Ingwer schälen, auf einer feinen Reibe reiben und den Saft auffangen.

2 Schollenfilets in etwa 5 cm große Stücke schneiden und mit Ingwersaft und 1 EL Sake etwa 10 Min. marinieren. Dann mit Küchenpapier trockentupfen und in Mehl wenden.

3 Rettich schälen, fein reiben und in einem Sieb abtropfen lassen.

4 In einem Topf Dashi-Brühe, Mirin, Sojasauce und 5 EL Sake aufkochen lassen.

5 Inzwischen Schollenfilets in einer Pfanne in Öl bei mittlerer Hitze in 3–4 Min. goldbraun backen.

6 Schollenfilets portionsweise auf Tellern anrichten, aus Rettich kleine Kegel formen und daneben setzen. Kurz vor dem Servieren mit Sauce begießen. Nach Belieben mit Daikonkresse garnieren.

Getränk: Zu diesem Gericht ist ein kühles Bier genau das Richtige.

Scholle mit Gemüsesauce

Hauptgericht · Braucht etwas Zeit

Karei no Ankake

Zutaten für 4 Portionen:
10 g getrocknete Shiitake-Pilze
30 g Möhre
50 g Zwiebel
1 kleine grüne Paprikaschote
1 weißes Stück Frühlingszwiebel (etwa 10 cm)
6 EL Sake (japanischer Reiswein)
3 EL Zucker
1 EL japanische Sojasauce
1 EL Kartoffelmehl (Stärkemehl)
8 Schollenfilets (je etwa 60 g)
2 EL Weizenmehl
1 EL Pflanzenöl

Zubereitungszeit: 45 Min.
(+ 3 Std. Einweichen)
Pro Portion: 840 kJ/220 kcal

1 Shiitake-Pilze etwa 3 Std. in kaltem Wasser einweichen. Abtropfen lassen, von den Stielen befreien und in feine, etwa streichholzdünne Stifte schneiden.

2 Möhre und Zwiebel schälen. Zwiebel der Länge nach in feine Streifen schneiden. Möhre der Länge nach in Scheiben schneiden, diese erst in etwa 5 cm lange Stücke, dann in feine Streifen schneiden. Paprika waschen, putzen und ebenfalls in etwa 5 cm lange feine Streifen schneiden. Frühlingszwiebel waschen und auch in etwa 5 cm lange feine Streifen schneiden.

3 In einem Topf Sake, Zucker und Sojasauce verrühren. Mehl in etwa 2 EL Wasser auflösen. Schollenfilets waschen, abtupfen und in Mehl wenden.

4 Sojasaucenmischung zum Kochen bringen. Shiitake-Pilze, Möhren, Zwiebeln und Paprika dazugeben und noch einmal aufkochen lassen. Von der Platte nehmen. Kartoffelmehl mit dem Schneebesen in die Gemüsemischung geben und rühren, bis sie eindickt.

5 In einer Pfanne Öl erhitzen und Schollenfilets darin von beiden Seiten bei mittlerer Hitze jeweils in etwa 2 Min. knusprig braten.

6 Je 2 Schollenfilets auf einem Teller anrichten, Gemüse darüber verteilen und obenauf die Frühlingszwiebeln geben.

Sushireis

Grundrezept · Gelingt leicht

Sushi Gohan

Zutaten für 800 g fertigen Sushireis, für 4 Portionen:
450 g kalifornischer Rundkornreis (Medium Grain)
Für die Würzsauce:
45 ml Su (Reisessig)
2 TL Salz
4 TL Zucker
einige Spritzer japanische Sojasauce

Zubereitungszeit: 30 Min.

Pro Portion: 1725 kJ/400 kcal

1 Reis 3- bis 4mal in einer Schüssel waschen, bis das Wasser klar bleibt. Reis abtropfen lassen und mit 450 ml Wasser zum Kochen bringen. Bei schwacher Hitze etwa 20 Min. ausquellen lassen. Dabei zwischen Topf und Deckel ein gefaltetes Küchentuch legen, damit der Wasserdampf aufgesogen wird.

2 Reisessig, Salz, Zucker und Sojasauce in einem offenen Topf kurz bei starker Hitze aufkochen lassen, Hitze reduzieren und so lange rühren, bis sich der Zucker aufgelöst hat. Die Würzflüssigkeit abkühlen lassen.

3 Den noch warmen Reis in eine unlackierte Holzschale oder Steingutschale geben, Essiglösung vorsichtig mit einem Holzlöffel unterheben; aufpassen, daß die Reiskörner nicht zerdrückt werden. Reis abkühlen lassen, dann weiterverarbeiten.

Info: Man nimmt Wasser und Reis im Verhältnis 1:1, da nach dem Kochen noch Würzflüssigkeit dazukommt.

Tip! Wenn Sie eine größere Menge Sushireis auf einmal zubereiten wollen, können Sie den Reis befächern, damit die Feuchtigkeit schneller verdampft.

Sojasauce

Sojasauce spielt in Japan eine sehr wichtige Rolle. Vor über 2500 Jahren wurde sie in China erfunden. Die buddhistische Lehre verbot damals den Verzehr von Fleisch- und Fischsaucen, die in dieser Zeit zum Würzen benutzt wurden. Auf der Suche nach Alternativen fand man heraus, daß durch die Gärung von Gemüse, speziell von Sojabohnen, eine sehr gut schmeckende Sauce entsteht. Durch den Einfluß des Buddhismus kam sie im 8. Jahrhundert nach Japan, wo sie durch die zusätzliche Verwendung von Weizen weiterentwickelt wurde. Japanische Sojasauce wird aus Sojabohnen, Weizen, Meersalz und frischem Quellwasser gebraut. Aus gedünsteten Sojabohnen und gemahlenem Weizen wird mit einem Koji-Starter (Aspergillus Sojae) eine trockene Maische hergestellt. Nach etwa 45 Std. wird dann mit Meersalz vermischtes Quellwasser hinzugefügt. Diese feuchte Maische nennt man Moromi. Es beginnt ein sechs Monate langer Reifeprozeß (Fermentationsprozeß), bis sich Aroma, Geschmack und Farbe zu einer harmonischen Sauce entwikkelt haben. Die Sojasauce wird jetzt nur noch raffiniert.

Jeder Japaner konsumiert pro Jahr im Durchschnitt 12 l Sojasauce.

Sushireis mit Lachs

Hauptgericht · Braucht etwas Zeit

Sake to Ikura no Oyakozushi

Zutaten für 4 Portionen:
500 g kalifornischer Rundkornreis (Medium Grain)
240 g Lachsfilet · Salz
200 ml Su (Reisessig)
1/2 Paket Daikonkresse
1/2 Blatt Nori (Seetang)
20 g Wasabi (japanischer grüner Meerrettich, etwa 1 gehäufter EL)
100 g Keta-Kaviar
20 g eingelegter Ingwer (aus dem Spezialitätengeschäft)
12 Gurkenscheiben
Für den Pfannkuchen:
2 Eier · Zucker · Salz
japanische Sojasauce
Für den Sushi-Essig:
4 EL Su (Reisessig)
2 EL Zucker · 1 EL Salz
einige Tropfen japanische Sojasauce

Zubereitungszeit: 1 Std. (+ 30 Min. Ruhen)

Pro Portion: 3100 kJ/740 kcal

1 Reis 3- bis 4mal in einer Schüssel mit kaltem Wasser waschen. In einem Sieb abtropfen lassen.

2 Mit 500 ml Wasser zum Kochen bringen und bei schwacher Hitze den Reis etwa 20 Min. ausquellen lassen. Dafür zwischen Topf und Deckel ein gefaltetes Küchentuch legen, damit der Dampf aufgesogen wird.

3 In der Zwischenzeit Lachsfilet mit Salz bestreuen und etwa 30 Min. zugedeckt in den Kühlschrank stellen. Dann Su mit Lachs in eine kleine Schüssel geben, so daß er ganz bedeckt ist. Wenn die Oberfläche vom Lachs nach etwa 15 Min. weiß geworden ist, Lachs aus dem Essig nehmen und diesen abwischen.

4 Für den Pfannkuchen Eier, eine Prise Zucker, Salz und Sojasauce verrühren und daraus in einer beschichteten Pfanne bei mittlerer Hitze einen hauchdünnen Pfannkuchen backen. In dünne Streifen schneiden.

5 Für den Sushi-Essig Su, Zucker, Salz und Sojasauce gut verrühren. Den noch warmen Reis in eine große Schüssel geben. Die Mischung darüber gleichmäßig verteilen und mit einem großen Holzlöffel vorsichtig vermischen; dabei aufpassen, daß die Reiskörner nicht zerdrückt werden.

6 Lachs in etwa 3 mm dünne Scheiben schneiden. Daikonkresse abwaschen und etwa 5 cm lang schneiden. Nori in etwa 4 cm lange dünne Streifen schneiden. Wasabi platt drücken und mit einem Messer dekorativ zu einem Blatt formen.

7 Reis auf vier Schüsseln oder tiefe Teller verteilen. Lachsscheiben kreisförmig auf den Reis verteilen, als ob Sie einen Kuchen belegen würden. In die Mitte Keta-Kaviar geben und um diesen herum Daikonkresse, Ingwer, Gurkenscheiben und Wasabi setzen. Mit Nori- und Pfannkuchenstreifen bestreut servieren.

Getränk: Zu dem erfrischenden Gericht paßt ein kühles japanisches Bier, aber auch japanischer grüner Tee.

Variante: Reis und Pfannkuchen wie beschrieben zubereiten. 4 getrocknete Shiitake-Pilze in 300 ml lauwarmem Wasser etwa 20 Min. einweichen. Stiele entfernen und Pilze mit 200 ml Einweichwasser und je 1 EL Mirin (süßer Reiswein), japanische Sojasauce und Zucker etwa 20 Min. in einem Topf bei schwacher Hitze zugedeckt köcheln lassen. Pilze abgießen, erst in Scheiben, dann in feine Streifen schneiden. 50 g frische geschälte oder tiefgekühlte, aufgetaute Lotuswurzeln in dünne Scheiben schneiden. Etwa 5 Min. in Essigwasser kochen, dann in 1 EL Su (Reisessig) und 1 EL Dashi-Brühe I (S. 28) marinieren. 30 g Möhren schälen, halbieren, dann längs in Scheiben schneiden und etwa 3 Min in Dashi-Brühe I, 1 TL Zucker und etwas Sojasauce kochen. 150 g kleine geschälte Shrimps, ohne Kopf und Darm etwa 1 Min. kochen und in 1 EL Su, 1 TL Zucker und 1 Prise Salz marinieren. Zuckerschoten 1 Min. blanchieren (sprudelnd kochen), dann in feine Streifen schneiden. Zwei Drittel der Pilze, Lotuswurzel und Möhren unter den Reis heben. Reis in Schälchen füllen, mit restlichen Zutaten und Pfannkuchenstreifen garnieren.

Info: 500 g Trockenreis ergeben etwa 900 g fertigen Sushireis.

Gerollte Sushi

Hauptgericht · Gelingt leicht

Maki-Sushi

Für 4 Portionen, etwa 48 Stück:
120 g frisches Thunfischfilet
1 kleine Salatgurke
4 Blätter Nori (Seetang)
640 g vorbereiteter Sushireis (S. 106)
20 g Wasabi (japanischer grüner Meerrettich, etwa 1 gehäufter EL)
100 g süß-sauer eingelegter Ingwer in Scheiben (aus dem Spezialitätengeschäft)
außerdem:
1 Bambusmatte (Makisu) zum Aufrollen und japanische Sojasauce zum Dippen

Zubereitungszeit: 40 Min.
(+ 30 Min. für den Sushireis)

Pro Stück: 167 kJ/40 kcal

1 Thunfisch mit einem scharfen Messer in 1½ cm breite, etwa 5 cm lange Streifen schneiden.

2 Gurke waschen und schälen, dann längs halbieren und mit einem Teelöffel die Kerne herausschaben. Gurke quer in etwa 5 cm lange Stücke, dann längs in ½ cm breite Streifen schneiden.

3 Noriblätter der Breite nach mit einer Küchenschere vorsichtig einmal durchschneiden.

4 Bambusmatte ausrollen und ein halbes Noriblatt darauf legen, etwa ½ cm dick mit Sushireis bestreichen, dabei am oberen Rand 1 cm frei lassen.

5 Von rechts nach links in der Mitte entlang mit den Fingern dünn Wasabi aufstreichen, darauf dann entweder einen Thunfischstreifen oder 3 Gurkenstreifen legen.

6 Nun an der unteren Seite, dort wo Reis ist, mit dem Aufrollen beginnen, die Matte so formen, daß die Rolle rechteckig ist, damit die Noriblätter nicht brechen. Die Bambusrolle leicht anpressen.

7 Bambusmatte entfernen und die Prozedur wiederholen, bis alle Noriblätter verbraucht sind. Ein scharfes Messer unter kaltes Wasser halten und damit aus den Rollen immer etwa 6 gleich große Stücke schneiden.

8 Ingwer abtropfen lassen. Pro Person je Sorte etwa 6 Stück Sushi auf einer Platte mit der Reisseite nach oben anrichten, daneben einige Scheiben Ingwer setzen. Mit Sojasauce zum Dippen servieren.

Tip! Wenn Sie die gerollten Sushi mit handgeformten Sushi (S. 113) servieren, dann zu 7 handgeformten 4 gerollte Sushi servieren.

Handgeformte Nigiri-Sushi

Hauptgericht · Etwas schwieriger

Nigiri-Sushi

Zutaten für 4 Portionen, etwa 40 Stück:
120 g Thunfischfilet
120 g Makrelenfilet
120 g Lachsfilet
120 g Wolfsbarschfilet
120 g Steinbuttfilet
40 g Wasabi (japanischer grüner Meerrettich, etwa 2 gehäufte EL)
800 g vorbereiteter Sushireis (S. 106)
100 g süß-sauer eingelegter Ingwer in Scheiben (aus dem Spezialitätengeschäft)
nach Belieben: Blätter, Blüten, Schnittlauchhalme und dekorativ geschnitzte Möhrenscheibchen zum Garnieren
außerdem:
japanische Sojasauce zum Dippen

Zubereitungszeit: 1 Std. (+ 30 Min. für den Sushireis)

Pro Stück: 280 kJ/67 kcal

1 Fischfilets mit einem sehr scharfen Messer in etwa $^1/_2$ cm breite Scheiben schneiden. Diese dann in Rechtecke, etwa 2 $^1/_2$ cm breit und 5 cm lang, schneiden.

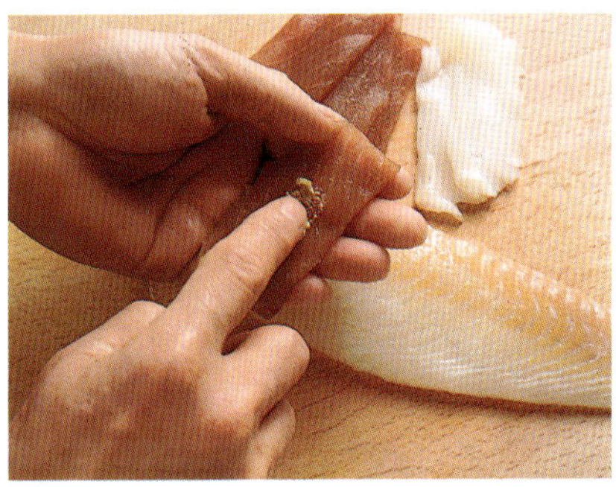

2 Nun immer ein Stück Fischfilet dünn auf einer Seite mit dem Finger mit Wasabi bestreichen.

3 Aus dem Reis mit angefeuchteten Händen krokettenförmige Rollen von etwa 5 cm Länge und 3 cm Durchmesser formen. Je einen Reisballen auf je ein Stück Fischfilet legen, so daß er auf der Wasabiseite liegt. Fest andrücken, damit der Belag am Reis kleben bleibt. Schritt 2 und 3 wiederholen, bis der Fisch aufgebraucht ist.

4 Ingwer abgießen. Etwa 10 Sushi pro Person auf einer Platte anrichten, etwas Ingwer als Häufchen daneben setzen. Ein Schälchen mit japanischer Sojasauce zum Dippen reichen. Nach Belieben mit Blättern, Blüten, Schnittlauchhalmen und Möhrenscheiben garnieren.

Getränke: Zu Sushi wird traditionell japanischer grüner Tee getrunken.

Info: In Japan werden Sushi als Hauptgericht gegessen, da sie bereits Reis enthalten.

Tip! Den Fisch sollten Sie bei Ihrem Fischhändler vorbestellen. Den Sushireis können Sie im voraus kochen, den Fisch sollten Sie aber immer erst kurz vor dem Servieren schneiden, damit er nicht austrocknet. Sushi können mit der Hand oder Stäbchen gegessen werden. Vor dem Essen Sushi mit der Fischseite nach unten kurz in Sojasauce dippen, damit sich der Reis nicht auflöst.
Zur Neutralisierung des Geschmacks zwischendurch Ingwer essen.

Reis mit Thunfisch

Hauptgericht · Etwas schwieriger

Maguro Gohan

Zutaten für 4 Portionen:
400 g kalifornischer Rundkornreis (Medium Grain)
100 g Sesam
60 ml japanische Sojasauce
1 gehäufter TL Wasabi (japanischer grüner Meerrettich)
400 g ganz frisches Thunfischfilet
½ Blatt Nori (Seetang)
außerdem:
Daikonkresse zum Garnieren

Zubereitungszeit: 45 Min.
Pro Portion: 3100 kJ/740 kcal

1 Reis 3- bis 4mal in einer Schüssel waschen, bis das Wasser klar bleibt, dann in einem Sieb abtropfen lassen. Reis mit 600 ml Wasser zum Kochen bringen, dann bei schwacher Hitze etwa 25 Min. ausquellen lassen. Dabei zwischen Topf und Deckel ein gefaltetes Küchentuch legen, damit der Dampf aufgesogen wird.

2 In der Zwischenzeit Sesam in einem Mörser zerreiben, bis das Öl herauskommt, und dann mit Sojasauce und Wasabi verrühren.

3 Thunfisch in etwa ½ cm dicke Scheiben schneiden. ½ Blatt Nori mit einer Küchenschere in feine Streifen schneiden.

4 In 4 Reisschalen den fertigen Reis einfüllen. Noristreifen darüber streuen. Eine Seite des Thunfisches mit der Sesampaste bestreichen und so auf den Reis legen, daß die Seite mit der Paste nach unten liegt. Zum Schluß mit Daikonkresse bestreuen.

Getränk: Das klassische Getränk zu diesem Gericht ist grüner Tee.

Garnelen-Nori-Röllchen

Vorspeise · Gelingt leicht

Ebi Narutomaki

Zutaten für 4 Portionen:
300g Riesengarnelen, ungeschält, (je etwa 30 g) · 250 g Mayonnaise
2 weiße Stücke Frühlingszwiebel (je etwa 10 cm)
4 Blätter Nori (Seetang)
3 EL Weizenmehl
1 l Pflanzenöl zum Fritieren
nach Belieben:
dekorativ geschnitzte Möhrenscheiben und Gurkenstücke zum Dekorieren · außerdem:
1 Bambusmatte zum Aufrollen und japanische Sojasauce zum Dippen

Zubereitungszeit: 30 Min.
Pro Portion: 3600 kJ/860 kcal

1 Garnelen von Schale und Kopf befreien, am Rücken längs leicht einritzen und den dunklen Darm entfernen (siehe Step 3, S. 44). Garnelen gut abtrocknen und kleinschneiden. In einem Suribachi (japanischer Mörser) oder mit dem Pürierstab grob zerhacken. Mayonnaise unterrühren.

2 Frühlingszwiebel waschen und in etwa 1 mm feine Röllchen schneiden.

3 Auf eine Bambusmatte ein Noriblatt legen, darauf mit einem Messer oder Teigschaber ein Viertel der Garnelen-Masse und der Frühlingszwiebeln verteilen. Mit Hilfe der Bambusmatte aufrollen. Bambusmatte entfernen und die Rolle in Mehl wenden. Den Vorgang 3mal wiederholen.

4 Öl in einem Topf erhitzen, bis an einem hineingehaltenen Holzstäbchen Bläschen emporsteigen. Öl in der Friteuse auf 180° erhitzen. Vorsicht, Spritzgefahr! Noriröllchen etwa 2 Min. fritieren.

5 Abtropfen lassen, auf Küchenpapier entfetten und gerade oder schräg in etwa 6 gleich große Stücke schneiden. Pro Person etwa 6 Röllchen mit japanischer Sojasauce zum Dippen servieren. Nach Belieben mit Möhrenscheibchen und Gurkenstückchen dekorieren.

Eingelegte Sardinen

Hauptgericht · Braucht etwas Zeit

Iwashi no Umeni

Zutaten für 4 Portionen:
400 g frische Sardinen, küchenfertig vorbereitet · Salz
1 walnußgroßes Stück frischer Ingwer
1 kleines Stück Konbu (Seetang, etwa 1 ½ cm)
8 Umeboshi (japanische, in Salz eingelegte Pflaumen)
5 EL Sake (japanischer Reiswein)
1 EL Zucker
4 EL japanische Sojasauce
nach Belieben: eingelegter Konbu zum Garnieren

Zubereitungszeit: 40 Min. (+ 12 Std. Marinieren)

Pro Portion: 740 kJ/180 kcal

1 Sardinen waschen und abtropfen lassen. Salzen und über Nacht zugedeckt im Kühlschrank ruhen lassen, damit die Flüssigkeit entzogen wird.

2 Sardinen in ein Sieb geben und mit heißem Wasser übergießen, damit der fischige Geruch verschwindet.

3 Ingwer schälen, dann in etwa 1 mm feine Scheiben schneiden. Eine Hälfte der Scheiben in feine Stifte schneiden.

4 In einen großen Topf Konbu und Ingwerscheiben legen. Sardinen so hineingeben, daß sie nicht übereinanderliegen. Umeboshi dazugeben.

5 4 EL Wasser, Sake, Zucker und Sojasauce mischen und über die Sardinen gießen. Bei mittlerer Hitze zum Kochen bringen und offen etwa 30 Min. garen. Dabei einmal wenden.

6 Sardinen auf 4 Teller verteilen und mit Ingwerstiften und Umeboshi servieren. Nach Belieben mit eingelegtem Konbu garnieren.

Info: Die Ingwerwurzel wird in Japan für sehr viele Gerichte verwendet. Frischen Ingwer erkennen Sie an den prallen Wurzeln ohne Runzeln. Wenn Sie ihn in ein feuchtes Tuch wickeln und ins Gemüsefach im Kühlschrank legen, läßt er sich etwa 2 Wochen aufbewahren.

Marinierter Thunfisch

Vorspeise · Geht schnell

Maguro to Negi no Nuta

Zutaten für 4 Portionen:
100 g ganz frischer Thunfisch
1 TL Salz
4 EL Su (Reisessig)
100 g Frühlingszwiebeln
60 g Wakame (Seetang)
50 g weißes Miso (Sojabohnenpaste)
2 gehäufte EL Zucker
1 TL scharfer Senf
1 unbehandelte Zitrone

Zubereitungszeit: 20 Min.

Pro Portion: 560 kJ/130 kcal

1 Thunfisch in etwa 1 ½ cm große Würfel schneiden, leicht salzen und in 2 EL Essig wenden. Essig aufbewahren.

2 Frühlingszwiebeln waschen, putzen und in etwa 1 cm breite Röllchen schneiden. Etwa 1 Min. in kochendem Wasser blanchieren (sprudelnd kochen). Dann abtropfen lassen.

3 Wakame in Wasser etwa 3 Min. einweichen. Wenn der Seetang noch hart, aber schon biegsam ist, abtropfen lassen.

4 Frühlingszwiebeln und Wakame in dem aufbewahrten Essig nochmals waschen, dies verbessert den Geschmack, und wiederum abtropfen lassen.

5 Miso, Zucker, Senf und 2 EL Essig in einer Schüssel mit dem Schneebesen so lange verrühren, bis sich der Zucker aufgelöst hat.

6 Zitrone gründlich waschen, danach abschälen. Zitronenschale in etwa 1 mm feine Streifen schneiden.

7 Thunfisch, Frühlingszwiebeln und Wakame vorsichtig unter die Sauce heben und mindestens 3 Min. durchziehen lassen. Portionsweise servieren und mit der Zitronenschale dekorieren.

Info: Bitte achten Sie darauf, daß der Thunfisch ganz frisch ist, da er roh gegessen wird.

Barsch mit Nudelfüllung

Hauptgericht · Etwas schwieriger

Tai Shinano Age

Zutaten für 4 Portionen:
2 dicke Goldbarschfilets (je 250 g)
Salz
1 weißes Stück Frühlingszwiebel (etwa 10 cm)
100 g Chasoba-Nudeln (grüne Sobanudeln)
Kartoffelmehl (Stärkemehl) zum Wenden
50 g Daikon (japanischer Rettich)
500 ml Dashi-Brühe I (S. 28)
100 ml Mirin (süßer Reiswein)
100 ml japanische Sojasauce
1 l Pflanzenöl zum Fritieren
außerdem:
Küchenzwirn und Nadel

Zubereitungszeit: 1 Std. (+ 1 Std. Marinieren + 15 Min. für die Dashi-Brühe)

Pro Portion: 3000 kJ/710 kcal

1 Barschfilets säubern und salzen, dann etwa 1 Std. ruhen lassen. Inzwischen Frühlingszwiebel waschen, putzen und in 1 mm feine Ringe schneiden.

2 Filets in der Mitte längs etwa zur Hälfte einschneiden. Nun seitlich zwei Klappen schneiden.

3 Jeweils die Hälfte der Chasoba-Nudeln mit je einem Küchenzwirn zusammenbinden. Dann etwa 5 Min. in Wasser kochen. Abgießen, abschrecken und auskühlen lassen.

4 Barsch großzügig mit Sobanudeln füllen, mit einem Küchenfaden oben mit einigen Stichen zunähen.

5 Barsch in Kartoffelmehl wenden. Rettich schälen und fein reiben. Rettich, Dashi-Brühe, Mirin und Sojasauce vermischen und kurz aufkochen.

6 Öl in einem Topf erhitzen, bis an einem hineingehaltenen Holzstäbchen Bläschen emporsteigen. Vorsicht, Spritzgefahr! Barsch darin etwa 6 Min. goldbraun backen. Dann in etwa 5 cm große Stücke schneiden.

7 Barschstücke in Suppenschalen legen, Sauce darüber gießen. Mit den Frühlingszwiebelringen garnieren.

Variante: Kalte Sobanudeln

400 g Sobanudeln kochen, abgießen, unter fließendem Wasser abkühlen, abtropfen lassen. Aus 2 EL Mirin (süßer Reiswein), 350 ml Dashi-Brühe I (S. 28) und 3 EL japanischer Sojasauce eine Sauce mischen und in kleine Töpfchen füllen. Frühlingszwiebeln und Wasabi auf einem separaten Tellerchen reichen. Nudeln mit Streifen von Nori (Seetang) garnieren, auf vier Tellern verteilen. Kurz vor dem Essen Wasabi und Frühlingszwiebeln in die Sauce rühren. Nudeln werden mit Stäbchen genommen, kurz in die Sauce getaucht und geschlürft.

Makrele mit Miso

Vorspeise · Geht schnell

Saba no Misoni

Zutaten für 4 Portionen:
2 frische Makrelenfilets mit Haut (je etwa 150 g)
100 g weißes Miso
frischer Ingwer für 2–3 Scheiben (etwa 2 cm)
50 ml Sake (japanischer Reiswein)
1 EL Zucker
nach Belieben: 1 Umeboshi (japanische Pflaume), eingelegt
4 Radieschen

Zubereitungszeit: 30 Min.

Pro Portion: 930 kJ/220 kcal

1 Makrelenfilets waschen und mit Küchenpapier trockentupfen. Filets in 3–4 kleinere Stücke schneiden, Haut öfters einritzen.

2 Miso mit dem Schneebesen in 300 ml Wasser auflösen. Ingwer schälen und 2–3 Scheiben daraus schneiden.

3 Miso in einen Topf geben. Sake, Zucker und Ingwer hinzufügen. Diese Mischung aufkochen lassen.

4 Temperatur auf schwache Hitze herunterschalten. Makrelenfilets vorsichtig nacheinander in die Misosauce geben. Darauf achten, daß die Filets nicht zusammenkleben. Nach Belieben Umeboshi dazugeben.

5 Den Topf mit einem Deckel verschließen und Filets bei schwacher Hitze etwa 15 Min. garen, bis etwas Misosauce von den Makrelenfilets aufgesaugt ist.

6 Umeboshi entfernen. Radieschen waschen. Makrelenfilets mit Sauce und jeweils einem Radieschen auf Tellern anrichten.

Getränk: Zu diesem Gericht paßt ein kühles Bier am besten.

Tip! Das Gericht können Sie mit verschiedenen anderen Fischarten, z.B. mit Rotbarsch, zubereiten.

Makrele mit Zwiebeln

Hauptgericht · Gelingt leicht

Saba no Ageni

Zutaten für 4 Portionen:
8 Makrelenfilets mit Haut (je etwa 60 g)
Kartoffelmehl (Stärkemehl) zum Wenden
100 g Zwiebeln
50 g Daikon (japanischer Rettich)
1 walnußgroßes Stück frischer Ingwer
2 EL Pflanzenöl
100 ml Dashi-Brühe II (S. 28)
50 ml Mirin (süßer Reiswein)
50 ml japanische Sojasauce

Zubereitungszeit: 45 Min. (+ 30 Min. für die Dashi-Brühe)

Pro Portion: 1400 kJ/330 kcal

1 Makrelenfilets waschen und trockentupfen. Hautseite öfters einritzen. Kartoffelmehl in einen Teller sieben und die Makrelenfilets darin wenden.

2 Zwiebeln schälen und in dünne Ringe schneiden. Rettich und Ingwer schälen und jeweils fein reiben.

3 Öl in einer Pfanne erhitzen und Makrelenfilets bei starker Hitze insgesamt etwa 3 Min. von beiden Seiten braten.

4 In einem großen Topf Dashi-Brühe, Mirin und Sojasauce zum Kochen bringen. Zwiebeln und Makrelen dazugeben und 10–15 Min. bei schwacher Hitze offen darin ziehen lassen. Dabei einmal wenden.

5 Makrelenfilets mit der Sauce zusammen jeweils auf einem Teller anrichten. Daneben Rettich- und Ingwerhäufchen setzen.

Getränk: Ein kühles japanisches Bier oder ein Sake schmeckt zu diesem herzhaften Gericht besonders gut.

Info: Makrelen sind gegrillt, gebraten oder geschmort als feine Speisefische auf der ganzen Welt beliebt. Sie haben einen hohen Fettgehalt (fast 12%) und werden deshalb auch oft geräuchert angeboten.

Muscheln in Sake

Vorspeise · Gelingt leicht

Kai no Sakamsuhi

Zutaten für 4 Portionen:
800 g Venusmuscheln, mit Schale
12 Stengel Schnittlauch
1 walnußgroßes Stück frischer Ingwer
200 ml Sake (japanischer Reiswein)
2 EL japanische Sojasauce

Zubereitungszeit: 15 Min. (+ 3 Std. Einlegen)

Pro Portion: 630 kJ/150 kcal

1 Muscheln für etwa 3 Std. in Salzwasser legen, damit der Sand herauskommt. Muschelschalen gründlich waschen und abtropfen lassen. Muscheln, die schon geöffnet sind, wegwerfen. Sie sind nicht genießbar.

2 Schnittlauch waschen und in etwa 5 mm lange Röllchen schneiden. Ingwer schälen und fein hacken.

3 Muscheln mit Sake in einen Topf oder einer Pfanne erhitzen. Mit einem Deckel verschließen und bei mittlerer Hitze etwa 5 Min. garen. Prüfen, ob sich die Muscheln geöffnet haben. Sonst weitere 2 Min. garen lassen. Wenn sich die meisten Muscheln geöffnet haben, Schnittlauch, Ingwer und Sojasauce dazugeben und gut durchschütteln – nicht rühren. Exemplare, die sich nicht geöffnet haben, wegwerfen. Sie sind nicht genießbar. In vorgewärmten Schalen servieren.

Getränk: Zu diesem Gericht schmeckt warmer Sake am besten, da schon mit Sake gekocht wurde.

Tip! Da das Muschelfleisch sehr schnell hart wird, wenn es zu lange gekocht wird, müssen Sie darauf achten, daß der Topf sofort, wenn die Schalen sich öffnen und das Fleisch dicker wird, vom Herd genommen wird.

Sake wird aus Reis und Wasser fermentiert.

Sake

Neben Tee ist Sake das Hauptgetränk in der japanischen Küche. Sake wird aus Reis und Wasser fermentiert. Der Reiswein enthält etwa 15 Prozent Alkohol. Er wird bei vielen Gelegenheiten und Festen getrunken. Eine Jahrgangsbezeichnung wie bei Wein gibt es bei Sake nicht. Er sollte jedoch möglichst jung getrunken werden. Da es sich um ein fermentiertes Produkt handelt, muß er dunkel aufbewahrt werden. Wenn Sake warm getrunken wird, wird er in kleine Flaschen, Tokkuri genannt, gefüllt und im Wasserbad auf etwa 38° erhitzt. Man trinkt ihn dann aus Bechern, Sakazuki genannt. Wird er kalt getrunken, kann er in Gläsern oder in quadratischen Masu-Zake, Zedernholzgefäßen, serviert werden. Auf eine Ecke wird dann Salz gegeben, das vor dem Trinken abgeleckt wird. Sake wird sehr häufig zum Kochen, aber auch zum Marinieren benutzt. Er nimmt den Gerichten Salzigkeit, Fischgeschmack und jeglichen strengen Geschmack.

Fisch-Gemüse-Teppanyaki

Hauptgericht · Gelingt leicht

Gyokai no Teppanyaki

Zutaten für 4 Portionen:
je 200 g Lachs- und Heilbuttfilet
200 g Jakobsmuscheln, ohne Schale und Corail
16 Riesengarnelen, roh und ungeschält (je etwa 20 g)
2 Zwiebeln
200 g Champignons
1 große Aubergine (etwa 400 g)
200 g Sojabohnenkeimlinge
200 g Broccoli
4 EL Pflanzenöl
Für die Ponzu-Sauce:
8 EL Yuzusaft (ersatzweise Zitronensaft)
4 EL japanische Sojasauce
Für die Sesam-Sauce:
4 EL weißer Sesam
1 EL weißes Miso (Sojabohnenpaste)
1 EL Mirin (süßer Reiswein)
2 EL Su (Reisessig)
5 EL japanische Sojasauce
1 EL scharfer Senf

Vorbereitungszeit: 40 Min.; gekocht wird am Tisch

Pro Portion: 1900 kJ/450 kcal

1 Lachs und Heilbutt waschen, abtupfen und in je 4 etwa gleich große Stücke schneiden.

2 Jakobsmuscheln waschen und trockentupfen. Garnelenschalen von der Bauchseite her mit dem Daumen aufbrechen. Garnelen aus der Schale lösen. Dann am Rücken entlang leicht einritzen und den dunklen Darm entfernen (siehe Step 3, S. 44).

3 Zwiebeln schälen und in etwa 1/2 cm breite Scheiben schneiden. Champignons kurz abbrausen, trockentupfen, von den Stielen befreien und große Pilze halbieren. Aubergine waschen, abtrocknen und vom Stielansatz befreien. Dann längs halbieren und in etwa 1/2 cm breite Scheiben schneiden. Sojabohnenkeimlinge in einem Sieb unter fließendem Wasser waschen, dann abtropfen lassen.

4 Broccoli waschen und die Röschen abtrennen. In einem Topf Wasser zum Kochen bringen. Broccoli etwa 3 Min. in kochendem Wasser blanchieren (sprudelnd kochen), dann in ein Sieb schütten und kalt abschrecken.

5 Alle Zutaten dekorativ auf einer großen Platte anrichten. Eine kleine Elektroplatte oder einen Tischgrill vorheizen.

6 Für die Ponzu-Sauce Yuzusaft und Sojasauce verrühren. Für die Sesam-Sauce Sesam im Mörser zermahlen und mit den restlichen Zutaten verrühren. Dann in Schüsselchen füllen und als Dip vor jedes Gedeck stellen.

7 Die Elektroplatte oder den Tischgrill mit einer großen gußeisernen Pfanne auf den Tisch stellen. Öl darin erhitzen und Fisch und Gemüse etwa 6 Min. darin braten. Dann nimmt jeder aus der Pfanne und dippt Fisch und Gemüse in die Ponzu- oder Sesamsauce.

Getränk: Zu diesem Gericht, bei dem es einem durch die Kochplatte bzw. den Grill schön warm werden kann, paßt ein kühles japanisches Bier am besten.

Info: Auch beim Fisch-Gemüse-Teppanyaki kocht meist der Vater am Tisch.

Tip! Das Gericht kann auch mit Fleisch und anderen Gemüsesorten zubereitet werden. In asiatischen Geschäften können Sie auch Tisch-Gasbrenner finden, die mit Gaspatronen beheizt werden. Diese Brenner eignen sich auch sehr gut, wenn Sie im Freien kochen wollen.

SÜSSES

Eine klassische Dessertkultur gibt es in Japan nicht. Zucker wurde erst Mitte des 8. Jahrhunderts aus China auf die Inseln gebracht, und lange Zeit war er dann nur der oberen Klasse vorbehalten.

Erst seit Ende des 19. Jahrhunderts spielt er auch für breitere Schichten der Bevölkerung eine Rolle.
Als Abschluß einer Mahlzeit wird grüner Tee serviert, dazu kann süßes Gelee gereicht werden. Oft wird dies aber auch schon zu Beginn eines Essens angeboten, wenn man sich am späten Nachmittag trifft und zur Begrüßung einen Matcha, den bitteren Pulvertee, der bei den Teezeremonien verwendet wird, trinkt. Die herbe Note des Tees harmoniert dann sehr gut mit der intensiven Süße des Gelees. Japanischer Tee ist nicht fermentiert. Anders als in Europa wird er nicht mit kochendem, sondern nur mit heißem Wasser zubereitet. Nach einem japanischen Essen paßt am besten ein leichtes Dessert, z. B. frisches Obst der Saison. In Japan ißt man sehr gern Clementinen, Nashi, auch als japanische Birne bekannt, Kaki oder Erdbeeren.
Oft sind Azukibohnen Bestandteil des Desserts, z. B. modern mit Eis kombiniert.

Reiskuchenkroketten

Braucht etwas Zeit

Ohagi

Zutaten für 4 Portionen:
200 g Mochigome (süßer Klebreis, aus dem Spezialitätengeschäft)
400 g Ogura An (gekochte Azukibohnen) aus der Dose

Zubereitungszeit: 1½ Std. (+ 12 Std. Einweichen)

Pro Portion: 1800 kJ/430 kcal

1 Mochigome in kaltem Wasser mindestens 12 Std. einweichen. Abtropfen lassen.

2 Einen großen Topf etwa 5 cm hoch mit Wasser füllen. Ein Sieb oder Siebeinsatz in den Topf hängen, so daß kein Kontakt mit dem Wasser entsteht. Ein Küchentuch auf das Sieb legen und den Reis darauf verteilen. Wasser zum Kochen bringen. Den Reis bei mittlerer Hitze zugedeckt etwa 30 Min. dämpfen, bis die Körner mit den Fingern zerquetscht werden können.

3 Reis in ein Gefäß mit Deckel geben, 200 ml heißes Wasser darüber gießen, zudecken und etwa 20 Min. stehen lassen, bis das Wasser vom Reis aufgesogen ist. Zum Abkühlen in ein feuchtes Tuch wickeln, damit die Masse nicht hart wird.

4 Nach etwa 20 Min. mit angefeuchteten Händen etwa 5 cm lange Kroketten aus der Masse formen.

5 Azukibohnen in eine Schüssel geben und leicht mit einem Holzspachtel durchkneten. Jeweils immer 1 EL Azukibohnen in die angefeuchtete Hand geben, so daß die Handinnenseite bedeckt ist.

6 Darauf eine Reiskrokette legen und wieder 1EL Bohnenpaste darauf geben. Die Bohnenpaste an den Reis anpressen, so daß die Krokette ganz mit Bohnenpaste bedeckt ist.

Getränk: Zu dieser Süßigkeit paßt japanischer grüner Tee am besten.

Tip! Es sieht ganz besonders hübsch aus, wenn Sie die Reiskuchenkroketten auf Bananenblättern servieren, die Sie in Spezialitätengeschäften bekommen.

Fritierter Reiskuchen

Geht schnell · Gelingt leicht

Agemochi

Zutaten für 4 Portionen:
1 l Pflanzenöl zum Ausbacken
300 g Kiri Mochi (japanische Reiskuchen, Fertigprodukt aus dem Spezialitätengeschäft)
Salz

Zubereitungszeit: 40 Min.

Pro Portion: 2600 kJ/620 kcal

1 Öl im Topf erhitzen, bis an einem hineingehaltenen Holzstäbchen Bläschen emporsteigen. Öl in der Friteuse auf 180° erhitzen. Inzwischen Reiskuchen in etwa 1 cm große Würfel schneiden.

2 Reiskuchen nach und nach ins heiße Fett geben und darin hellgelb ausbacken. Vorsicht, Spritzgefahr! Da Reiskuchen sehr stark aufgehen, darauf achten, daß nicht zu viele auf einmal ins Fett gegeben werden. Die Reiskuchen drehen sich beim Backen von selbst. Wenn sie fertig fritiert sind, schwimmen sie an der Oberfläche.

3 Die Reiskuchen noch warm etwas salzen, dann servieren.

Info: Früher wurden die Reiskuchen in den Familien selbst hergestellt. Dazu wurde Klebreis (Mochigome) gekocht und dann in hölzernen Trögen mit einem Holzstampfer zu Brei verarbeitet. Dieser Brei wurde dann in runde Formen gebracht, wo er fest wurde und dann weiterverarbeitet wurde z. B. wie oben beschrieben.

Tip! Fritierte Reiskuchen schmecken warm und kalt.

Gefüllte Pfannkuchen

Gut vorzubereiten · Geht schnell

Dorayaki

Zutaten für 4–6 Portionen:
2 Eier
100 ml Milch
2 EL Zucker
2 EL Honig
120 g Mehl
1 TL Backpulver
80 g Ogura An (gekochte Azukibohnen) aus der Dose

Zubereitungszeit: 30 Min.

Bei 6 Portionen pro Portion: 1200 kJ/290 kcal

1 Eier, Milch, Zucker und Honig in einer Schüssel mit einem Schneebesen gründlich verrühren.

2 Mehl mit Backpulver vermischen und durch ein Sieb in eine Schüssel geben.

3 Mehl nach und nach mit dem Schneebesen in die Eimischung einrühren, so daß sich keine Klümpchen bilden.

4 Bei mittlerer Hitze 2 EL des Teiges in eine beschichtete Pfanne geben. Durch Drehen und Wenden der Pfanne den Teig auf dem Boden zerlaufen lassen. Sobald sich nach etwa 2 Min. an der Oberfläche Luftblasen bilden, den Pfannkuchen mit einem Pfannenwender umdrehen und von der anderen Seite in etwa 3 Min. braun backen. Aus dem Restteig weitere 7 Pfannkuchen backen.

5 Azukibohnen kurz umrühren und auf 4 Pfannkuchen verteilen, jeweils einen weiteren Pfannkuchen als Deckel auf die mit Azukibohnen belegten Pfannkuchen legen. Die Pfannkuchen vierteln und servieren.

Getränk: Zu diesem Gericht paßt japanischer grüner Tee am besten.

Maronenkuchen

Braucht etwas Zeit · Gelingt leicht

Kuri Manjyu

Zutaten für 4 Portionen, für 8 Stück:
Für den Teig:
200 g Weizenmehl
3 g frische Hefe (etwa 1/8 Würfel)
1 TL Zucker
1 Prise Salz
70 ml lauwarme Milch
1 TL Backpulver
Für die Füllung:
200 g Maronenpaste
(aus dem Feinkostgeschäft)
150 g Zucker
1/2 TL Salz

Zubereitungszeit: 1 Std.
(+ 1 Std. Gehen lassen)

Pro Stück: 1800 kJ/430 kcal

1 Mehl in eine Schüssel sieben. Eine Kuhle formen und darin Hefe, Zucker, Salz mit etwa 1 EL Wasser verrühren. Etwa 10 Min. an einem warmen Ort zugedeckt gehen lassen.

2 Nun zu dem Vorteig Milch und 2 EL warmes Wasser nach und nach dazugeben und mit den Zutaten vom Rand her einen Teig kneten. Den Teig gut durchkneten. Teig etwa 1 Std. zugedeckt an einem warmen Ort gehen lassen.

3 Backpulver zu dem Teig geben und nochmals durchkneten.

4 Für die Füllung Maronenpaste, Zucker und Salz in einen Topf geben. Bei mittlerer Hitze erwärmen und mit einer Gabel oder Knethaken ständig durchkneten, bis die Flüssigkeit verdampft ist und die Paste anfängt hart zu werden. Dabei darauf achten, daß die Paste nicht anbrennt. Paste kalt werden lassen.

5 Teig in 8 Stücke teilen und kreisförmig ausrollen. Aus der Paste jeweils eine Kugel formen. Diese als Füllung auflegen und einrollen.

6 In einen großen Topf 3 Tassen Wasser füllen, ein Sieb oder einen Siebeinsatz in den Topf hängen, so daß kein Kontakt mit dem Wasser besteht. Ein Küchentuch auf das Sieb legen und die Kuchen darauf legen.

7 Das Wasser zum Kochen bringen. Zwischen Topf und Deckel ein gefaltetes Küchentuch legen und die Kuchen etwa 8 Min. bei starkem Dampf garen.

Variante: Im Herbst, wenn Sie die Maronenpaste aus frischen Maronen selbst zubereiten können, schmeckt der Kuchen besonders gut. Dazu 500 g Maronen mit Schale etwa 2 Std., besser über Nacht, in warmes Wasser legen, dann läßt sich die Schale leichter entfernen. Maronen in etwa 40 Min. bei mittlerer Hitze weich kochen, schälen, zerstampfen, mit Zucker und Salz abschmecken und die Paste weiterverarbeiten wie im Rezept beschrieben.

Azukibohnen-Gelee

Braucht etwas Zeit

Mizu Yokan

Zutaten für 4 Portionen:
11 g Shiro Kanten (Agar-Agar, aus dem Spezialitätengeschäft, etwa 1 Block) zum Gelieren
150 g Zucker
Salz
80 g Ogura An (gekochte Azukibohnen) aus der Dose
nach Belieben: Blätter und Blüten zum Dekorieren

Zubereitungszeit: 30 Min. (+ 30 Min. Einweichen + 1 Std. Abkühlen)

Pro Portion: 820 kJ/200 kcal

1 Shiro Kanten in Wasser waschen, dann in kleine Stücke rupfen. Etwa 30 Min. in Wasser einweichen, abgießen, auspressen und mit 200 ml Wasser bei mittlerer Hitze unter Rühren kochen, bis es schmilzt.

2 Durch ein Tuch in einen Topf seihen und wiederum zum Kochen bringen. Zucker und eine Prise Salz langsam einrühren, bis der Zucker aufgelöst ist.

3 Azukibohnen aus der Dose langsam in den Topf dazugeben und verrühren. Etwa 2 Min. bei mittlerer Hitze unter ständigem Rühren kochen, damit nichts anbrennt. Vom Herd nehmen und auf Körpertemperatur abkühlen lassen.

4 Eine rechteckige Form innen mit Wasser anfeuchten, Bohnenmasse hineingießen und mindestens 1 Std. darin fest werden lassen. Bohnengelee in etwa 5 x 3 cm große Stücke schneiden und servieren. Nach Belieben mit Blüten und Blättern dekorieren.

Getränk: Zu diesem Gelee paßt Matcha-Tee, der auch für die Teezeremonie genommen wird, am besten.

Variante: Anstelle von Ogura An 3 g Matcha-Pulver (japanisches Teepulver aus dem Spezialitätengeschäft, etwa 1 TL) mit den Kanten verrühren, dabei die Zuckermenge auf 240 g erhöhen. Die weitere Zubereitung erfolgt wie oben beschrieben, nur ohne Bohnen.

Eis mit Bohnensauce

Ice to Ogura An

Geht schnell · Gelingt leicht

Zutaten für 4 Portionen:
200 g Ogura An (gekochte Azukibohnen) aus der Dose
100 ml Sahne
4 Erdbeeren
1 Kiwi
1 Scheibe Ananas
12 kleine Kugeln Vanilleeis

Zubereitungszeit: 15 Min.

Pro Portion: 1000 kJ/240 kcal

1 Ogura An in ein Sieb abgießen und abtropfen lassen. Sahne und Ogura An in einer Schüssel verrühren.

2 Erdbeeren waschen, trockentupfen, halbieren und dekorativ einschneiden. Kiwi schälen und in etwa 3 mm dicke Scheiben schneiden. Ananasscheiben achteln.

3 In ein Schüsselchen jeweils 3 Kugeln Eis geben und die Sauce darüber gießen. Mit den Früchten verzieren.

Info: Ogura An können Sie in Spezialitätengeschäften kaufen.

Variante: Azukibohnen-Eis
2 Eigelb und 20 g Zucker im Wasserbad bei mittlerer Hitze schaumig schlagen. 200 g Ogura An (gekochte Azukibohnen) aus der Dose unterrühren. Die Masse in ein tiefkühlgeeignetes Gefäß geben und etwa 2–3 Std. im Eisschrank gefrieren lassen. Mit einem Eisportionierer Kugeln formen und diese mit kleingeschnittenen Früchten der Saison wie Kiwis, Erdbeeren oder Netzmelone servieren.

Tip! Im Winter können Sie die Bohnensauce warm zum Eis servieren. Dazu die Bohnen und die Sahne etwa 5 Min. im Wasserbad erhitzen.

Tofukugeln

Gelingt leicht · Geht schnell

Mitarashi Dango

Zutaten für 4 Portionen:
250 g japanischer Tofu
165 g Reismehl
Für die Sauce:
2 EL Kartoffelmehl (Stärkemehl)
60 ml japanische Sojasauce
60 ml Mirin (süßer Reiswein)
70 g Zucker
außerdem:
8 Holzspieße

Zubereitungszeit: 50 Min.

Pro Portion: 1300 kJ/310 kcal

1 Tofu kurz in kaltes Wasser tauchen und trockentupfen. Tofu mit dem Pürierstab pürieren. Reismehl unterheben und verrühren.

2 Mit angefeuchteten Händen 24 Kugeln, etwa 3 cm groß, formen. Etwa 5 Min. bei mittlerer Hitze offen in Wasser kochen. Dann jeweils 3 Kugeln auf einen Holzspieß stecken.

3 Kartoffelmehl in 100 ml Wasser auflösen. Sojasauce, Mirin und Zucker in einem Topf aufkochen, bis der Zucker geschmolzen ist. Topf vom Herd nehmen und unter ständigem Rühren mit Kartoffelmehl eindicken. Nochmals unter Rühren kurz aufkochen.

4 Sauce in eine flache Schüssel geben und Spieße darin wenden. Jeweils 2 Tofukugel-Spieße auf einen Teller anrichten.

Tip! Mit grünem Tee als Dessert oder als kleine Nachmittagsmahlzeit servieren.

Süßkartoffel-Bällchen

Gelingt leicht · Gut vorzubereiten

Satsumaimo no chakin-shibori

Zutaten für 4 Portionen:
450 g Süßkartoffeln
1–2 EL Matcha (Grüner Pulvertee)
2 EL Zucker

Zubereitungszeit: 45 Min.

Pro Portion: 540 kJ/130 kcal

1 Süßkartoffeln schälen, in Stücke schneiden, etwa 10 Min. in Wasser einweichen, dann abgießen. Einen Topf mit Wasser füllen und Kartoffeln bei schwacher Hitze in etwa 20 Min. zugedeckt weichkochen. Kartoffeln abgießen, dabei etwa 3 EL des Kochwassers aufbewahren.

2 Die noch warmen Kartoffeln zu gleichen Portionen auf zwei Schüsseln verteilen, dann mit einem Kartoffelstampfer zerstampfen.

3 Matcha in $1\frac{1}{2}$ EL Kartoffelkochwasser auflösen und mit einer Portion Kartoffelbrei mischen. Zucker in den restlichen $1\frac{1}{2}$ EL Kartoffelkochwasser auflösen und mit der zweiten Portion Kartoffelbrei mischen. Jeden Brei kalt werden lassen.

4 Einen gehäuften Eßlöffel der Matcha-Mischung in die Mitte eines etwa 20 cm langen Stücks Haushaltsfolie setzen. Die vier Enden der Folie zusammenholen und oben zudrehen, so daß die Mischung eingewickelt ist.

5 Die Masse nun mit beiden Händen zu einem Bällchen formen. Dann das Bällchen vorsichtig auswickeln. Den Vorgang wiederholen, bis der Kartoffelbrei aufgebraucht ist.

6 Mit der Zucker-Mischung genauso verfahren. Dann von jeder Mischung etwa 2 Bällchen pro Person auf Teller anrichten und servieren.

Info: Süßkartoffel-Bällchen sind ein beliebter Snack in Japan, der zur Teezeit serviert wird.

Typische Speisenkombinationen

Die Japaner kennen keine so strenge Menüfolge, wie sie in Europa üblich ist. Oft werden auch alle Gerichte auf einmal serviert. Wichtig ist, daß man möglichst viele verschiedene Gerichte serviert, denn auf die Abwechslung kommt es an. Ein voller Teller widerstrebt dem japanischen Geschmack. Er wirkt langweilig und verletzt auch die Ästhetik. Deshalb ist eine optisch befriedigende Präsentation der Speisen so wichtig. Gerichte werden immer separat angerichtet, d.h., Fisch, Gemüse und Reis werden nicht auf einem Teller zusammen gereicht. Jedes Gericht erhält so seinen eigenen Wert, indem es auf einem kleinen Teller, einer Schale oder Platte angerichtet wird. Anders als in Europa kennt man in Japan keine einheitlichen Services. Die Teller, Schalen und Schüsseln können also ruhig unterschiedlich sein. Viele japanische Familien haben Geschirr für die verschiedenen Jahreszeiten, z.B. dünnes und helles (Glas- oder Porzellan-) Geschirr im Sommer und dunkles, schweres (Keramik- oder Porzellan-) Geschirr in der kalten Jahreszeit. Probieren Sie einmal die folgenden Speisenkombinationen aus, dann werden Sie sehr schnell ein Gefühl dafür bekommen, welche Gerichte zueinander paßen; oberstes Prinzip sollte stets die Vielfalt und Harmonie der Speisen sein. Oft werden Pickles zum Essen gereicht, die fertig eingelegt in asiatischen Fachgeschäften erhältlich sind. Da Sie diese nicht als Rezept im Buch finden, sind sie mit einem * gekennzeichnet. Das gilt auch für frisches Obst, das überwiegend zum Dessert gereicht wird. Typisch sind Kaki-Früchte, Nashi und Melone, Sie können aber natürlich auch andere Obstsorten servieren. Dazu wird stets grüner Tee serviert. Nach einem üppigeren Essen können Sie auch nur den Tee servieren und ganz auf das Dessert verzichten. Die Mengen in den Rezepten sind so berechnet, daß mehrere Gerichte zusammen serviert werden müssen. Möchten Sie die Gerichte anders kombinieren, z.B. mit europäischen Speisen, reichen die Rezeptmengen für eine Vorspeise oder die doppelte Menge als Hauptgericht.

Für 4 Personen:
Schnelle Kombinationen

Teriyaki-Hähnchen 90
Tofu-Wakame-Suppe 30
Reis
frisches Obst *

Spinat mit Sesamsauce 65
Pickles *
Eiersuppe 34
Gebackene Scholle 105
Reis
frisches Obst *

Gebackener Tofu 48
Marinierter Thunfisch 116
Misosuppe 37
frisches Obst *

Kombinationen, die sich gut vorbereiten lassen

Zweischicht-Ei 56
Aubergine mit Hühnersauce (kalt) 70
Gekochte Ente (Variante) 88
Reis
Azukibohnen-Gelee 134

Gekochter Rettich 69
Aubergine mit Hühnersauce (kalt) 70
Gegrillter Lachs 102
Misosuppe mit Rindfleisch (Variante) 37
Tofukugeln 137

Zweischicht-Ei 56
Marinierte Ente 94
Lachs-Tofu-Suppe 40
Reis
Azukibohnen-Gelee 134
Eingelegte Sardinen 116
Schwarzwurzel-Möhren-Gemüse 68
Gekochter Schweinebauch 87
Reis
frisches Obst *

Zweischicht-Ei 56
Fritierter Tofu (Variante) 48
Gemüsetopf 64
Reis
Frisches Obst
Schwarzwurzel-Gemüse 68
Gebackener Tofu 48
Reistopf 74
Frisches Obst*

Spinat mit Sesamsauce 65
Gekochter Rettich 69
Tofu-Pfannkuchen 50
Reis
Frisches Obst*

Mittagskombinationen

Aubergine mit Hühnersauce (kalt) 70
Nudeln mit Tempura 44
Frisches Obst (z.B. Melone) *

Spinat mit Sesamsauce 65
Reis
Tofu-Suppe mit Huhn 41
Frisches Obst *

Makrele mit Miso 120
Reis
Misosuppe 37
Frisches Obst *

Schwarzwurzel-Möhren-Gemüse 63
Pickles *
Reistopf mit Rindfleisch 74
Frisches Obst *

Eingelegte Sardinen 116
Udon-Nudelsuppe 43
Reiskuchenkroketten 128
Misosuppe 37

Eierstich 51
Gemüsesuppe mit Mochi 35
Pickles *
Frisches Obst *

Abendkombinationen oder für Gäste

Marinierter Thunfisch 116
Fritierte Hähnchenschenkel 97
Barsch mit Nudelfüllung 118

Reis
Misosuppe mit Rettich 37
Pickles *
Azukibohnen-Gelee 134

Gurke und Birne mit Sesam 60
Yakitori 89
Gekochter Rettich 69
Gegrillter Lachs 102
Reis
Tofu-Wakame-Suppe 30
Frisches Obst *

Zweischicht-Ei 56
Fritierter Tofu (Variante) 48
Gekochtes Rindfleisch 97
Reis
Misosuppe 37
Frisches Obst *

Spinat mit Sesam 65
Sashimi 100
Gebackener Tofu 48
Sushi-Platte 110, 113
Misosuppe 37
Frisches Obst *

Makrele mit Miso 120
Aubergine mit Hühnersauce (warm) 70
Eierstich 51
Teriyaki-Hähnchen 90
Reis
Venusmuschelsuppe 32
Eis mit Bohnensauce 135

Frühlingskombinationen
Geschichtete Eierrolle 52
Spinat mit Sesamsauce 65
Gegrillter Lachs 102
Reis
Tofu-Wakame-Suppe 30
Erdbeeren oder Kirschen *

Sommerkombinationen
Aubergine mit Hühnersauce (kalt) 70
Eierstich (kalt) 51
Rindfleisch auf Salat 66
Reis
Eis mit Früchten oder Wassermelone, Feigen oder Pfirsich *

Herbstkombinationen
Gefüllte Shiitake-Pilze 63
Gekochter Rettich 69
Gebackener Tofu 48
Nudeln mit Tempura 44
Reis
Pickles *
Maronenkuchen 132
oder Kaki-Früchte *

Winterkombinationen
Makrele mit Miso 120
Gemüsetopf 64
Eierstich 51
Teriyaki-Ente 88
Reis
Misosuppe mit Rettich 37
Mandarinen oder Orangen *

Picknick-Kombinationen
Geschichtete Eierrolle 52
Reishäppchen 77
Fritierte Hähnchenschenkel 97
Umeboshi, eingelegte japanische Pflaumen *
Reiskuchenkroketten 128

Zweischicht-Ei 56
Schweineschulter 87
Gerollte Sushi 110
Pickles *
Frisches Obst *

Festkombinationen
Gekochte Ente (Variante) 88
Ei-Sushi mit Garnelen (2 Stück pro Person) 55
Sashimi 100
Gekochtes Rindfleisch 97
Azukibohnenreis 80
Suppe mit Fischklößchen 32
Azukibohnen-Gelee 134

Eierstich 51
Teriyaki-Ente 88
Schweineschulter 87
Handgeformte Sushi 113
Venusmuschelsuppe 32
Eis mit Bohnensauce 135

Gerichte, die am Tisch zubereitet werden
Spinat mit Sesam 65
Sukiyaki 84
dazu Reis
Obst *

Fritierte Hähnchenschenkel 97
Fisch-Gemüse-Teppanyaki 124
Reis und Misosuppe 37

Buffet für etwa 10 Personen
Jeweils die doppelte Menge der Gerichte zubereiten:
Schwarzwurzel-Möhren-Gemüse 68
Aubergine mit Hühnersauce 70
Spinat mit Sesamsauce 65
Gefüllte Shiitake-Pilze 63
Sashimi 100
Fritierte Hähnchenschenkel 97
Yakitori 89
Gegrillter Lachs 102
Gebackener Hering 103
Reis
Pickles *
Frisches Obst *
Azukibohnen-Gelee 134

Kleiner Imbiß zum Sake
Aubergine mit Hühnersauce 70
Gurke und Birne mit Sesam 60
Gefüllte Shiitake-Pilze 63
Yakitori 89
Fritierte Hähnchenschenkel 97
Marinierter Thunfisch 116
Fritierter Tofu (Variante) 48

Glossar

Agar-Agar: In Japan als Kanten bekannt. Wird aus der Rotalge Tengusa gewonnen und hauptsächlich für die Zubereitung von Gelees genommen. Es hat keine Kalorien und kann anstelle von Gelatine verwendet werden.

Aonori: Feine, leuchtend grüne Algenflocken, die sich sehr gut zum Würzen und Garnieren eignen.

Austernpilze: Muschelförmige, teilweise fast stiellose Pilze. Farbe blaugrau bis blaßbraun. Gibt es als Zuchtpilze ganzjährig. Sie verleihen Gerichten oft den letzten »Schliff«.

Azukibohnen: Kleine rote Bohnen, die hauptsächlich mit Zucker zu einer Bohnenpaste gekocht werden, die wieder die Grundlage für viele japanische Süßigkeiten bildet.

Bambussprossen: Junge, noch nicht verholzte Schößlinge einer großen Bambusart. Wird in Asien sehr häufig in Gemüsegerichten verwendet. In Europa bekommt man sie hauptsächlich als Dosenware, es gibt sie aber auch frisch zu kaufen.

Bergpfeffer: Sansho

Bonito: Blaufisch oder Bonito ist ein großer Fisch aus der Thunfischfamilie, dessen Filets getrocknet und geschabt werden. Aus Bonito und Konbu wird Dashi, die japanische Grundbrühe, hergestellt.

Chasoba: Mit grünem Tee gewürzte Soba-Nudeln.

Chinakohl: Hell- bis dunkelgrüner strunkloser Kohl. Kommt ursprünglich aus China und wird heute auch in Europa angebaut. Nach dem Kauf sollte er nicht lange gelagert werden, da er rasch verdirbt. In Japan ist er sehr beliebt für Pfannengerührtes und Eintöpfe. Er wird aber auch als Salat zubereitet.

Daikon: Japanischer Rettich. Länger und schmaler, aber nicht so scharf wie die europäischen Arten. Er wird insbesondere in ganz dünnen Streifen roh zu vielen Gerichten gereicht. Er soll bei der Verdauung von fettigen Speisen helfen. Falls Sie ihn in asiatischen Spezialitätengeschäften nicht bekommen, können Sie ersatzweise auch milden Rettich verwenden.

Daikonkresse: Aus Daikon-Rettich werden Sprossen gezogen. Mit der Kresse würzt man Suppen oder nimmt sie als Garnierung.

Dashi: Japanische Grundbrühe, die aus Konbu und Bonitoflocken hergestellt wird. Man unterscheidet zwei Arten: Ichiban-Dashi-(Dashi I) und Niban-Dashi (Dashi II). Für letztere werden der Konbu-Seetang und ein Teil der Bonitoflocken aus der ersten Brühe nochmals verwertet.

Enokitake-Pilze: Dünne, langstielige, weißliche Pilzsorte. Die Kappen der Pilze haben einen Durchmesser von nur etwa 5 mm. Die Pilze werden in Eintopfgerichten oder auch Sukiyaki gekocht. Es gibt sie in Spezialitätengeschäften.

Fugu: In Eierstock, Haut und Muskeln und vor allem in der Leber des Fisches sitzt ein tödliches Gift, gegen das es kein Gegenmittel gibt. Deshalb müssen Fugu-Köche eine spezielle Lizenz haben, die garantiert, daß sie sich mit dem Tranchieren des Fisches ganz genau auskennen. Fugu gilt als ganz besondere Delikatesse. Der kaiserlichen Familie jedoch darf er – um jegliche Gefahr auszuschalten – nicht vorgesetzt werden.

Ginkgonüsse: Spezielle Nußsorte, die schon gekocht angeboten wird. Sie ist eine wichtige Zutat.

Gobo: Japanische Schwarzwurzel. Sie ist etwas härter als europäische Schwarzwurzeln.

Gohan: → Reis.

Hana Katsuo: Getrocknete und gehobelte Bonitoflocken. Sie werden zur Herstellung für Dashi-Brühe und zum Würzen verwendet.

Harusame: Japanische Glasnudeln, die aus Mungobohnen hergestellt und z.B. beim Sukiyaki gegessen werden. Die Kochzeit in salzlosem Wasser beträgt etwa 5 Min.

Hijiki: Längliche schwarze Seetangart. Verfünffacht das Volumen beim Kochen. Hijiki wird separat oder mit Gemüsegerichten zubereitet. S. 31

Ingwer: Er wird in vielen Variationen eingesetzt. Frisch gerieben in Saucen, in Scheiben geschnitten und eingelegt u.a. für Sushi. Frische Wurzelknollen können im Kühlschrank etwa zwei Wochen aufbewahrt werden.

»Itadakimasu«: Das ist eine Formel, die man zu Beginn des Essens sagt. Es bedeutet soviel wie »ich nehme«. Am Ende der Mahlzeit sagt man: »Gochisosama«, das heißt »Das Essen, das wir bekommen haben, war köstlich und reichhaltig.«

Kabocha/Kürbis: Japanischer Kürbis ist außen dunkelgrün mit gelben Flecken. Er ist normalerweise nicht größer als 10 cm hoch und 15 cm im Durchmesser. Es ist ein typisches Wintergemüse, das für Tempura verwendet, im Ofen gebacken oder mit Schale gekocht wird.

Kanpai: Bedeutet soviel wie »Zum Wohle!«

Kartoffelyam: Yam-Knollen sind länglich und glatt, sie werden geschält und wie Kartoffeln gekocht. Ihr Geschmack ähnelt der Kartoffel, ist aber nicht so aromatisch.

Klebreis-Mochigome: Süßer Reis, der fast 100% Stärke enthält. Er wird für die Zubereitung von Reiskuchen und Süßigkeiten verwendet.

Kobe-Beef: Das beste japanische Rindfleisch kommt aus der Stadt Kobe. Es kommt von Kühen, die mit Getreide und Bier gemästet und mit Öl oder Sake massiert werden. Dadurch dringt das Fett in das magere Fleisch ein und es erhält seine schöne Marmorierung. Je stärker die Marmorierung, um so höher der Preis.

Konbu: Braunalge, in Europa auch als Kelp bekannt. Sie wird für die Dashi-Herstellung benötigt. S. 31

Konnyaku: Geleeartige Masse, die aus der Wurzelstärke der Aronstabknolle/Pfeilwurzel hergestellt wird. Sie ist verdauungsanregend, hat kaum Kalorien und wird z.B. für Suppen, Gemüsetöpfe und zur Herstellung von Shirataki-Nudeln verwendet.

Lotuswurzel: Die Wurzel der Lotuspflanze sieht besonders dekorativ in Gemüsegerichten aus, da das cremefarbene Fleisch eine interessante Lochmusterung hat. Sie hat keinen besonderen Eigengeschmack, ist jedoch sehr knackig. In Spezialitätengeschäften ist sie als Tiefkühlprodukt, Dosenware oder ganz selten auch frisch zu kaufen.

Makisu: Spezielle Bambusmatten, die das Aufrollen von Sushi erleichtern.

Matcha: Stark bitter schmeckender grüner Pulvertee, der für die Teezeremonie verwendet wird.

Mirin: Fermentierter süßer Reiswein, der ausschließlich zum Kochen dient. S. 90

Miso: Sojabohnenpaste. Sie ist eine Grundlage für Suppen und Saucen. S. 38

Mochi: Auch Kiri Mochi genannt, sind japanische Reiskuchen, die Sie als Fertigprodukt in Spezialitätengeschäften bekommen.

Mitsuba: Dreiblättrige Petersilienart. Der Geschmack liegt zwischen europäischer Petersilie und Sellerie. Sie gibt vielen Suppen, gekochten Speisen oder auch Salaten eine herzhafte Note.

Mugicha: Gerösteter Gerstentee. In Japan wird er im Sommer als Erfrischungsgetränk kalt getrunken.

Nameko: Spezieller japanischer Pilz, der mit dem Butterpilz verwandt ist. In Europa gibt es ihn nur als Dosenware. Ersatzweise kann man Shiitake-Pilze nehmen.

Nashi: Auch als japanische Birne (Apfel-Birne) bekannt. Nashi sind runde, an Äpfel erinnernde Früchte, die es in asiatischen Spezialitätengeschäften oder neuerdings auch in Gemüsegeschäften gibt.

Nori: Nori-Seetang wird hauptsächlich für Sushirollen benutzt. Die Farbe ist dunkelgrün oder dunkelbraun. Er sieht aus wie transparentes Papier. S. 31

Ogura An: Gekochte japanische Azukibohnen in Dosen. Sie werden meist gekauft, wenn es schnell gehen muß.

Owan: Japanische Suppenschüssel mit Deckel. Sie sind aus lackiertem Holz oder Kunststoff.

Reis: Hauptnahrungsmittel Japans. Zur Hauptspeise wird immer eine Schale Reis serviert. S. 75

Sake: Japanischer Reiswein. Er wird warm oder kalt getrunken. Neben Tee ist er das Hauptgetrank zum Essen. S. 122

Sansho: Ist der Name einer japanischen stacheligen Esche, die oft auch als Pfefferbaum bezeichnet wird, obwohl sie nicht mit dem Pfeffer verwandt ist. Die frischen Blätter werden als Garnierung für Suppen verwendet. Leider sind sie in Europa nur schwer erhältlich. Das leicht scharfe Aroma der Blätter hat auch der Sansho-Pfeffer, die getrockneten und pulverisierten Außenhüllen der Sansho-Samen. Den Pfeffer gibt es in Spezialitätengeschäften zu kaufen.

Sashimi: Roher Fisch, der in Scheiben geschnitten mit Rettich und Wasabi serviert wird. Man nimmt ein wenig Wasabi auf das Fischstück und taucht es in Sojasauce ein. Wenn Sie Sashimi noch nicht ausprobiert haben, versuchen Sie's am besten zuerst mit Lachs und Thunfisch.

Sesam: Es gibt schwarzen und weißen Sesam in der japanischen Küche. Oft wird er geröstet (es gibt ihn auch schon als Fertigprodukt). Vielfach wird in einem Mörser aus dem Samen Sesampaste gemacht. Sesampaste gibt es auch als Fertigprodukt in Spezialitätengeschäften.

Sesamöl: Stark nach Nuß schmeckendes Öl. Basisöl in der japanischen Küche, mit dem gekocht, sautiert und fritiert wird.

Shichimi Togarashi: Auf Chilibasis aufbauende Pfeffergewürzmischung. Sie ist recht scharf und wird gern über Gegrilltes gestreut.

Shiitake-Pilze: Beliebter asiatischer Speisepilz. Es gibt ihn frisch oder getrocknet. Die getrockneten Pilze haben ein stärkeres Aroma und werden deshalb in manchen Gerichten den frischen vorgezogen.

Shirataki: Aus Konnyaku hergestellte Nudelsorte, die für Sukiyaki verwendet wird. Die Kochzeit beträgt etwa 2 Min. Ersatzweise kann man Glasnudeln nehmen.

Shiso: Schwarznessel. Die aromatische Pflanze wird in Japan seit Jahrhunderten als Gewüz-, Heil-, Öl- und Zierpflanze kultiviert. Ihre Blätter erinnern an Zitronenmelisse oder Pfefferminze. Sie werden ganz oder in Stücken zum Würzen genommen. In asiatischen Spezialitätengeschäften gibt es sie manchmal frisch zu kaufen, aber sie sind sehr teuer. Als Ersatz eignet sich Zitronenmelisse.

Shungiku: Auch Salatchrysantheme genannt, sieht ähnlich wie das Grün von jungen Chrysanthemen aus. In asiatischen Spezialitätengeschäften kann man es frisch kaufen. Es wird für Sukiyaki sowie klare Suppen und Misosuppen verwendet. Sein Geschmack erinnert etwas an frischen Blattspinat.

Soba: Braune Nudeln, die aus Buchweizenmehl hergestellt werden. Die Kochzeit in salzlosem Wasser beträgt etwa 10 Min.

Sojabohnen: Beliebte Hülsenfrüchte in Asien. Viele Produkte, z.B. Sojasauce oder Tofu, werden daraus hergestellt. Sie schmecken aber auch als Gemüse sehr gut.

Sojasauce: Japanische Sojasauce wird aus Sojabohnen, Weizen, Meersalz und Wasser in etwa 6 Monaten gebraut. Sie ist dünnflüssig, hat ein volles Aroma und eine rehbraune Farbe. Sie wird zum Kochen genommen oder als Dip verwendet.

Su: Säuerungsmittel, das aus Reis gewonnen wird. Es ist ein milder Essig, der u.a. auch unter Sushireis gemischt wird.

Sukiyaki: Berühmtes Rindfleischgericht, das am Tisch gekocht wird. Man gart Rindfleisch, Tofu, Lauch, Glasnudeln, Shiitake-Pilze etc. in einer speziellen Brühe und tunkt sie vor dem Essen in rohes Ei.

Suribashi: Japanischer Mörser. Eine innen angerauhte Steingutschale mit Holzstößel.

Surimi: Gepreßtes Fischfleisch, das es in den Fischabteilungen großer Geschäfte oder beim Fischhändler zu kaufen gibt. Teilweise wird es auch als Crabmeat bezeichnet, hier wird dann ein kleiner Anteil Krabbenfleisch mitverarbeitet.

Sushi: Berühmte japanische Reishäppchen. Mit Essig gesäuerter Reis wird mit ein wenig Wasabi bestrichen und mit rohem Fisch belegt. Sushis werden immer als Hauptspeise gegessen. Sie werden vor dem Essen in Sojasauce gedippt. Es gibt unzählige Varianten.

Tempura: Gemüse und Fisch werden mit Teig paniert und in Öl fritiert, dazu werden Dipsaucen gereicht.

Teriyaki: Würzsauce, die auf Sojasaucenbasis mit Wein und Gewürzen hergestellt wird. Mit ihr kann man Fleisch und Fisch marinieren.

Tofu: Aus Sojamilch gewonnene feste Sojaspeise. Läßt sich kochen, braten, grillen oder als Dessert verarbeiten. Tofu ist in Asien ein wichtiger Eiweißlieferant. S. 48

Udon: Weiße, dicke Nudeln aus Weizenmehl. Die Kochzeit beträgt etwa 10 Min. Da die Nudeln selbst schon salzig sind, braucht man kein Salz ins Kochwasser zu geben.

Umeboshi: In Salz eingelegte, grüne japanische Pflaume. Wird mitgegart oder roh gegessen. Sie soll entschlackend wirken und wird deshalb oft zum Frühstück gereicht.

Wakame: Braunalge, die vor allem in Suppen und Salaten eingesetzt wird. S. 31

Wasabi: Grüner japanischer Meerrettich. Er ist sehr scharf. Es gibt ihn als Pulver oder Paste. Er wird für Sushi und Sashimi verwendet.

Yakitori: Grillspieße mit Huhn. Die Spieße werden nach dem Grillen in eine auf Sojasauce basierende Sauce getaucht und über Holzkohle gegrillt.

Yam: Als Yam werden in den Tropen und Subtropen eine Reihe knollenbildender Dioscorea-Arten bezeichnet. Yam ist wegen ihrer Stärke und klebereichen Knollen die »Kartoffel« der Tropischen Länder → Kartoffelyam.

Yuzu: Spezielle japanische Zitronensorte, vom Geschmack her ähnlich wie Limetten.

Abkürzungen:

TI = Teelöffel
EL = Eßlöffel
Msp = Messerspitze
kJ = Kilojoule
kcal = Kilokalorie

Rezept- und Sachregister

Umschlag-Vorderseite: Das Bild zeigt einen Tatamiraum und folgende Gerichte: von links hinten im Uhrzeigersinn: Venusmuschelsuppe (S. 32), gekochter Rettich (S. 69), diverse Früchte, gegrillter Lachs (S. 102), Gurke und Birne mit Sesam (S. 60), eine Schale Reis.
Die Bilder ohne Bildunterschriften zeigen:
Die Fotos auf S. 4/5 von oben rechts im Uhrzeigersinn: Das Stadtviertel Akihabara in Tokyo (Bild 1), No-Spiel in Nara (Bild 2), der Große Buddha von Kamakura (Bild 3), Fest des Toshogu-Schreins in Nikko (Bild 4), Jugendliche in Yoyogi-Park in Tokyo (Bild 5).

Kiyoshi Hayamizu
liebte es schon als Kind, seiner Mutter beim Kochen zuzusehen. Da er schon immer gerne aß und ihn die Kreativität des Kochens faszinierte, beschloß er, seine Leidenschaft zum Beruf zu machen. Kiyoshi Hayamizu absolvierte seine Ausbildung zum Koch in Tokyo und arbeitete dort einige Jahre in verschiedenen Restaurants, bevor er nach Europa ging. Heute ist er Küchenchef im Restaurant Daitokai, Düsseldorf.

Yuhei Hoshino
Bei ihm begann alles mit einem Curryreis, den er als Fünftklässler bei einem Campingausflug zubereitete und der die heimlich von ihm angebetete Lehrerin begeisterte. Stolz und glücklich über ihr Lob stand sein Berufswunsch fest. Auch Yuhei Hoshino arbeitete nach seiner Ausbildung zum Koch einige Jahre in verschiedenen Restaurants in Tokyo, bevor es ihn nach Europa zog. Herr Hoshino ist heute hauptverantwortlicher Küchenchef für sämtliche Kikkoman + Daitokai Restaurants in Europa. Für dieses Buch haben beide Autoren gemeinsam traditionelle Rezepte aus ihrer Heimat zusammengestellt.

FoodPhotography Eising
wird von Susi und Pete Eising geleitet. Sie studierten an der Fachakademie für Fotodesign in München und widmeten sich schon bald nach dem Studium ihrer gemeinsamen Passion für Eßkultur und Kochkunst. 1981 gründeten sie ihr eigenes Fotostudio für Foodfotografie. Auf zahlreichen Reisen vertieften sie ihre Kenntnisse über Küchen und Kultur anderer Länder und setzten ihre Eindrücke und Erfahrungen immer neu bei der Gestaltung und Realisierung ihrer Foodaufnahmen ein. Die Aufnahmen für dieses Buch fotografierte Susi Eising. Martina Görlach studierte Kunstgeschichte und gehört schon seit vielen Jahren zum Team. Sie war bei diesem Buch zuständig für die Requisite. Assistiert wurde ihr von Ulla Krause. Fotografiert wurde auf Agfachrome 100 RS.

Heike Czygan
Die Illustratorin war schon immer von Asien fasziniert. Ihre Reisen führten sie auch nach Japan, wo sie als Gast bei japanischen Familien wohnte. In München machte sie eine Ausbildung für Grafik und Design, heute ist sie als Illustratorin und Grafikerin bei einem bekannten Münchner Verlag tätig.

Dankeschön:
Wir bedanken uns herzlich bei folgenden Firmen, die uns kostenlos Requisiten zur Verfügung stellten:
Firma Kyoto Porzellan GmbH, 40210 Düsseldorf,
A. Warnecke, 21035 Hamburg,
Japanalia, 80803 München,
Kikkoman Trading Europe GmbH, Düsseldorf, Kikkoman + Daitokai (Europe), Düsseldorf.

Ein Bezugsquellenverzeichnis für japanische Lebensmittel können Sie anfordern bei:
Kikkoman Trading Europe GmbH,
Heerdter Lohweg 57–59,
40549 Düsseldorf.

Bildnachweis
Titelbild und Rezeptfotos: FoodPhotography Eising.
Die Fotografen der Bilder im Inhaltsverzeichnis, des Kapitels »Land und Leute laden ein...« und der Produktinformationen:
FoodPhotography Eising, München: S. 38, 48, 90, 106
Rainer Hackenberg, Köln: S. 4/5 (Bild 2), 10 (2), 11, 16 (oben), 17 (2), 21 (oben, 22 (2), 25 (unten), 31
Japanische Fremdenverkehrszentrale, Frankfurt a. M.: S. 19 (unten)
Erhard Pansegrau, Berlin: S. 4/5 (Bild 3), 8/9, 12 (oben), 15, 16 (unten), 20 (unten), 22/23, 75
Silvestris Fotoservice, Kastl: S. 13 (oben), 25 (oben)
Paul Spierenburg, Kiel: S. 4/5 (Bild 1, 4, 5), 12 (unten), 13 (unten), 14, 19 (oben), 20 (oben), 24, 122
Stock Food Eising, München: S. 18/19, 23 (unten)

Impressum

Redaktion: Dr. Stephanie von Werz-Kovacs und Birgit Rademacker
Lektorat: Angela Hermann
Versuchsküche: Marianne Obermayr, Renate Neis, Marianne Stadler, Traute Hatterscheid
Illustrationen: Heike Czygan
Rezeptfotos: FoodPhotography Eising
Herstellung: VerlagsService Neuberger & Schaumann GmbH, Heimstetten
Gestaltung: Konstantin Kern
Reproduktionen, Druck und Bindung: A. Mondadori Editore, Verona
ISBN 3-7742-1963-X
Auflage 5 4 3 2 1
Jahr 98 97 96 95 94